CAMPOS DE NÍJAR

JUAN GOYTISOLO

Campos de
Níjar

Edited, with introduction, notes and
glossary, by

Peter Bush

Deputy Head of the Faculty of Language and Humanities,
Holland Park School, London

TAMESIS TEXTS LTD
LONDON

TAMESIS TEXTS
Twentieth-Century Prose: Series Editor, J.E. Varey

Text first published in Spain in 1960 by Seix Barral

This edition first published in Great Britain in 1984 by
TAMESIS TEXTS LTD

ISBN 0 7293 0198 2

I.S.B.N. 84-599-0209-9
DEPÓSITO LEGAL: V. 2.047 - 1984

Printed in Spain by
ARTES GRÁFICAS SOLER, S.A., VALENCIA

for

TAMESIS TEXTS LIMITED
11, BUCKINGHAM STREET, LONDON WC2N 6DQ

For my parents

INTRODUCTION

CAMPOS DE NÍJAR

The publication of *Campos de Níjar* in 1960 marked a new development in the Spanish tradition of travel literature which had been re-
established after the Civil War in the work of Camilo José Cela.
Juan Goytisolo was the first Spanish writer to attempt to describe the
beauty and harsh reality of life in Almería, one of the poorest
provinces of Andalusia before the advent of modern irrigation, mass
tourism and solar energy. In the south-east corner of Spain the
province has an interior of rocky desert lands, cacti and depopulated
villages. Its coastline faces across 150 kilometres of Mediterranean Sea
the shores of Algeria whose Saharan sun, winds and lack of water it
shares. Goytisolo avoids stylistic *tours de force*[1] and questions his
own relationship with the people he meets. This critical self-awareness
leads to a work which transcends the normal limitations of travel
literature by posing a series of questions about the nature of regional
and national stereotypes and by challenging the historians and
philosophers of Spain to review their conceptions of the roots of
national problems. Its authenticity of feeling and freshness of style
enable the reader to have imaginative access to rural life under the
régime of General Franco. Goytisolo's interest in Almería derived
from his contact with emigrant workers in Barcelona: he wanted to
find out what they were escaping from. By attempting to answer that
question he focussed on an important development in the 60s and 70s,
as workers from Southern Europe moved in their thousands to the
expanding production lines and service industries of Britain, France
and Germany. Despite the naïveté of some of the youthful Goytisolo's
generalisations, a reading of *Campos de Níjar* provides imaginative
insight into an issue central to contemporary society — the flight from
the land into the city — and to the author's subsequent development
as a major Spanish writer. The breadth of vision implicit in this short
work precludes a critical study limited to literary analysis. However, it

[1] On the cover of the first edition of *Campos de Níjar* the blurb announces that
*'Pertenece a este género narrativo que desde el Viaje a la Alcarria de Cela se ha hecho
un lugar en las letras castellanas contemporáneas'*. Cela's work was published in 1948.
J.L. Cano, *Insula* 167 (October 1960), 8-9, in an early review contrasts Cela's baroque
style with Goytisolo who writes *'en un estilo de sobrio realismo y con la menor cantidad
posible de literatura'*.

will become clear that the angry political commitment aroused in writers by the Franco régime did not automatically lead to a diminution of literary values.[2]

THE EARLY LIFE OF JUAN GOYTISOLO[3]

Goytisolo was born on 5 January 1931, the year the Second Republic was elected to office. His father was a small industrialist whose grandfather had made his fortune through slave ownership and sugar refining in Cuba. The writer's mother was from a more enlightened liberal background. She liked music and reading and seems to have been the early inspiration to the three brothers, José, Luis and Juan, who are all now established writers. The peace and quiet of their prosperous home was soon to be broken by civil war. Goytisolo remembers his parents voting for the Right in the February 1936 elections which returned a Popular Front Government. On July 18 General Franco and his fellow rebels began their insurrection against the Republic. Barcelona was a Republican stronghold and Goytisolo's father was briefly imprisoned by Anarchists. His mother was killed in the centre of Barcelona during a Nationalist bombing raid. She had been shopping and had adventure comics for the children in her bag. As the war neared its end, the family endured a harsh diet of chestnuts and wild pumpkins, but with the rebel victory his father regained his factory. Goytisolo was sent to a Jesuit college and was taught Church doctrine, the ideals of the Crusade against the Reds, and songs and rituals approved by the Fascist state. One particular stanza of a hymn stuck in his mind:

> Guerra a la hoz fatal
> y al destructor martillo.
> Viva nuestro Caudillo
> y la España imperial.

Other fictions and ideas were more appealing. In 1947 he read Unamuno and began to have religious doubts. The following year he entered Barcelona University to read law but was more fascinated by

---

[2] J. Goytisolo, *El furgón de cola* (Barcelona: Seix Barral, 1976), charts in a series of essays the problems of writers under the dictatorship. Significantly, the collection was first published in Paris (*Ruedo Ibérico*, 1967). Individual essays were published in American and European periodicals between 1960-66.

[3] Goytisolo, 'Cronología', *Disidencias* (Barcelona: Seix Barral, 1977), 327-46, is the main source for the following biographical details.

the contemporary French literature which circulated amongst the students. A reading of Camus, Gide and Sartre despatched the remnants of his Catholic faith.

Under a more liberal Minister of Education, Ruiz Giménez (1951-56), and under the pressure of a more organised opposition to Franco's dictatorship from clandestine political parties and trades unions, a new generation of students began to think about the possibility of change, political commitment and literary innovation. The literary and political circles of the establishment were stifled by sycophancy and uncritical acceptance of the régime. Complacency and a hatred of 'foreign' ideas were supported by severe press censorship. However, there were signs of change. Within the state-controlled students' union some opposition was developing. The most critical students read the latest works by French left-wing intellectuals and by Marxists.[4] In Barcelona Goytisolo founded a literary circle in the café Turia with a group of friends who included the novelist Ana María Matute and Carlos Barral. The latter would soon publish in his Biblioteca Breve the works of the European and Spanish avant-garde. In 1952 Goytisolo discovered the bars, brothels and late-night cafés of Madrid described in his first novel, *Juegos de manos* (1954). He abandoned his law studies, smoked pot and made his first journey to Paris. With his brother Luis he participated in a literary seminar organised by the left-wing critic José María Castellet and developed an interest in Marxism. His next visit to Paris in 1955 proved decisive. He went to discuss the plans by Gallimard to publish translations of his novels, *Juegos de manos* and *Duelo en el Paraíso*. At a dinner party organised by translator Maurice Coindreau he met Monique Lange and Jean Genet: with both he was to have a long and deep friendship. The vitality and freedoms of the Paris Left Bank contrasted sharply with the provincialism of official culture in Spain where originality of thought met with silence and could only flourish in a semi-clandestine circulation.[5] Goytisolo was on the edge of a literary and political society whose ideas had already caught the imagination of critics of the régime in Spain. Although on his return to Barcelona he was questioned by police on his relations with Republican exiles and joined in the booing of an anti-communist play, he was not able, like brother Luis, to accept the Stalinist strait-jacket of the Spanish Communist

[4] P. Lizcano, *La generación del 56. La universidad contra Franco* (Barcelona: Grijalbo, 1981), 106-22, describes the impact of Enrique Múgica, well-versed in modern French writers, on Madrid student oppositionists in the autumn of 1953.

[5] *El furgón*, 'Escribir en España', 39-49.

Party. He describes ironically the atmosphere in the family residence where the murmurings of a study group in the dining room on dialectical materialism alternated with the whispered invocations of his father to the Virgin, as he told his rosary beads. Juan, in his ivory tower, at the other end of the house, was finishing off *Fiestas*. The student demonstrations and strikes of 1956 were met with firm repression and Ruiz Giménez was sacked. The censors would not allow the publication of *Fiestas*. Goytisolo made his first journey to Almería and then went into voluntary exile in Paris. He lived with Monique Lange and in 1957 joined her at Gallimard as a literary assessor. As a refugee from Franco's régime he was made welcome by the left-wing Parisian intelligentsia. He now became a member of the world of Sartre, Genet and Simone de Beauvoir and read the theoreticians of his mentors — Marx, the Hungarian philosopher critic Lukács, and the Italian Communist Gramsci. He visited Andalusia with Monique. At the end of the year *La resaca* was published in Spanish in Paris. In 1959 he was attacked by the Madrid evening paper *Pueblo* for censuring Spanish books in France through his position at Gallimard. However, there was some light in the darkness as Carlos Barral organised the literary discussions in Formentor attended by leading French, Italian and Spanish novelists. In 1960 Luis was arrested on his return from a Communist meeting in Prague and Juan led a protest campaign for his release. *Campos de Níjar* was published by Carlos Barral and later in the year he travelled through Andalusia, this time in the company of Simone de Beauvoir and her American lover, Nelson Algren.[6] He visited his brother in the Carabanchel prison in Madrid. Within twelve months the Fascist press initiated another round of vilification of Goytisolo on the occasion of the publication of the Italian edition of *Campos de Níjar* in Milan. A documentary on the south of Spain was to be shown, but a group of Fascists stole the film after throwing a smoke bomb. A doctored version was then shown on Spanish television to prove that Goytisolo was betraying Spain in revealing a reality that even now rarely emerges on Spanish screens. At the age of 30 he had established himself in Paris and in Madrid he was a favourite target of the régime's tame journalists. Residence in Paris and frequent visits to Andalusia enabled him to get in perspective the civil war refugees' image of a Spain about to rise in revolutionary fervour.[7] His immersion in the fashionable theories of the day fanned rather than dimmed his desire to know the most oppressed region of Spain. Life under the dictatorship had shown the interrelation of apparently disparate aspects

[6] Simone de Beauvoir, *La Force des choses*, II (Paris: Gallimard, 1963), 292-94, relates how Goytisolo visited people he knew in Almería whilst she looked at the Alcazaba and Algren took photos of cave-dwellings.

[7] Goytisolo, 'Reportage pour protester', *L'Express* (Paris, 25 June 1959), accounts for the failure of the one day peaceful national strike called by the Spanish Communist Party.

of reality as the great grandson of a Cuban slave-owner became a subversive intellectual.

THE WRITER AND SOCIETY: LITERARY THEORY IN THE 50S AND GOYTISOLO'S LITERARY PRACTICE

There was no escape from political commitment for Goytisolo's generation. In France Sartre had the freedom to castigate the bourgeois and champion left-wing causes. In England young writers like John Osborne or Alan Sillitoe berated empty dreams of imperial heritage or described the life and work of the northern working-class. A young Spanish novelist had to submit his manuscript to the Government Department for Orientation and Consultation and wait for a list of cuts which might range from the elimination of chapters to the suppression of language capable of offending innocent provincial readers. Erotic scenes, extra-marital sex, and irony at the expense of the church or state were particularly vulnerable. Goytisolo had no problems with the censor over *Campos de Níjar*, because he wrote every word with the government in mind: 'Lo escribí de manera que no tuvieran nada a que agarrarse — un ejercicio de gimnasia mental que me dejó el gusto amargo en la boca de ser el censor de mí mismo.'[8] The favourite stance of critics of the régime was that of objectivism. The writer's task was to mirror reality as clearly as possible, in particular the areas of society which the régime had silenced.

José María Castellet argued in *La hora del lector* (Barcelona, 1957) for the presentation of images without comment and the non-intervention of the author in the text.[9] This would avoid any return to the optimism and self-confidence of the bourgeois realists of the nineteenth century. Such objectivism accepted the range of points of view necessary to understand human problems. This was to recognise that the omniscience of the nineteenth century was an illusion. The theorising behind the emerging *literatura social* was wracked with contradiction and over-simplification. In November 1956 Goytisolo began his contribution to the debate in the pages of the Barcelona weekly, *Destino*. There are two kinds of literature — one is inward-

---

[8] *El furgón*, 'Los escritores españoles frente al toro de la censura', 51-61; letter to the editor, 3 October 1983.

[9] J. Butt, *Writers and Politics in Modern Spain* (London: Hodder and Stoughton, 1978) analyses these theories and their impact on contemporary novels, 53-69.

looking, while the other wishes to answer the problems of contemporary man. Miguel de Unamuno and Pío Baroja represent the two possibilities. Unamuno and the first-person narrative forces us to accept his perspective whilst the third-person narrative of Baroja leaves readers to judge his characters for themselves. As for Ortega y Gasset's prediction of the demise of the novel as a genre, he made the mistake of identifying the genre with psychological novels only suitable to the self-analysis of certain sections of the bourgeoisie.[10] The basic merit of *El Jarama* by Sánchez Ferlosio and *La colmena*[11] by Camilo José Cela was the discovery of other sectors of society. However, the following year Goytisolo was defending the internal monologue as one of the novelist's legitimate reactions to the impact of the cinema.[12] This technique forced the reader to collaborate in the making of the text. Suggestion rather than explanation, relativism rather than absolute truths required an active, self-critical reader. Favourable reference is made to that most self-conscious literary writing about literature, André Gide's *Journal des faux-monnayeurs*.[13]

Goytisolo's critical theory over the following years was constructed on an uneasy amalgam of commitment to social realism and to technical innovation. Facile statements about hatred and love being visible behaviour and not linked to internal consciousness,[14] or about the novels of Miró and Jarnés reflecting absolutely nothing about society,[15] can only be understood in the context of necessary political commitment. His writing has ample reference to the exponents of the *nouveau roman*, Robbe-Grillet and Nathalie Sarraute, as well as Sartre and other defenders of political commitment in art. His experience as a Spanish writer naturally disposed him to the latter view which was not in favour of narrow social realism. For Sartre

[10] J. Ortega y Gasset, *Ideas sobre la novela* (Madrid: Revista de Occidente, 1925).

[11] R. Sánchez Ferlosio, *El Jarama* (Barcelona: Destino, 1966) won the 1955 Nadal Prize for its account of a day in the life of eleven adolescents from Madrid. C.J. Cela, *La colmena* (Barcelona: Noguer, 1951) attempts a survey of the lives of a broad range of *madrileños*.

[12] *Destino*, 'Los límites de la novela' (November, 1957) in *Problemas de la novela* (Barcelona, 1959), 32-43.

[13] A. Gide (Paris, 1926) writes a diary about the writing of his novel, *Les Faux-monnayeurs* (Paris, 1926) in which the central character, Edouard, is a novelist. He in turn writes a diary within the novel about his progress with a fiction whose characters are based on his own acquaintances, namely, other products of Gide's imagination.

[14] *Destino*, 'La nueva psicología', (December, 1957) in *Problemas*, 55-62.

[15] *Destino*, 'Ortega y la novela' (January, 1959), in *Problemas* 79-86.

committed writing disturbed the reader into thinking about important moral issues and reading then became a form of directed creativity, and, hence, freedom.[16] The *nouveau roman* was too preoccupied with physical objects and precious psychological states.[17] The first International Conversations on the Novel organised in May 1959 by Carlos Barral brought together Goytisolo, Celaya, Cela, Castellet and other leading Spanish writers with leading representatives of the *nouveau roman*, Michel Butor and Alain Robbe-Grillet, to answer questions about the novelist and reality and the novelist and society.[18] Joan Fuster's hopes for heady intellectual conflict were disappointed as writers limited themselves to stating their positions.[19] For Goytisolo, the writer had a moral imperative to reflect the contradictions in society. For Robbe-Grillet, it was dangerous to think that the novel had influence, for the novelist did not intervene in the history of society but in the history of the novel. The underlying dispute was another twist in the argument between lovers of 'art for art's sake' and artists with a social and political vision. However, as is usual, the theorising of the 50s did not adequately reflect the reality of the novels written. We should judge Goytisolo's work no more by the light of crude statements about objectivism than we would condemn Zola's novels as works of imagination simply because of his doctrine of scientific determinism. His early novels are a pessimistic vision of the frustrations of different individuals, as they struggle to escape from the narrow paths allotted to them by the dictatorship.

Goytisolo's first novel, *Juegos de manos* (Barcelona: Destino, 1954), is set in the sordid world of Madrid *hijos de papá* rebelling against bourgeois society. Grey, drizzly weather and sickly yellow street lights give a suitably miserable colouring to the posturing of the students. Having rejected the conformism of study in preparation for

[16] J.P. Sartre, *Qu'est-ce que la littérature?* (Paris: Gallimard, 1948), 282-84.

[17] S. de Beauvoir, *La Force des choses* II, 457-60.

[18] J.M. Espinas, *Destino*, 'El 1° coloquio internacional de novela en Formentor', (June, 1959). Barral circulated a questionnaire with the invitations to the conference which showed foreign writers to be more theoretical than the Spanish. The two questions put to the assembled writers were: 'Do you think that the novel must aspire to communicate an experience, testify to certain situations, defend an ideological position or create an independent world?' and 'Faced with the concrete problems of society, do you think that the novelist must limit himself to transcribing the world as he sees or understands it, or should he by interpreting his observation and pointing to the contradictions in the society which he describes cooperate in its transformation?'

[19] J. Fuster, 'El 1° coloquio internacional de novela en Formentor', *Papeles de Son Armadans*, XIV, 14 (1959), 205-12. The 'social' novelists did not object to the radical position put by the French writers, that the originality of a novelist depended on technical innovation.

a professional career they seek a dramatic action that might give meaning to their futile lives. Our interest is focussed on the individual histories of the characters recounted either in conversation or diary form and in the cruelty of their attitudes to one another. The gentle David is chosen in a rigged poker game to kill a hated Fascist but is unable to pull the trigger and is himself killed by another member of the group.

Goytisolo's next novel, *Duelo en el Paraíso* (Barcelona: Planeta, 1955), is set in Catalonia during the final weeks of the civil war. The novel deals with the effect of the civil war on refugee children from the north. In it Abel comes from Barcelona to live at El Paraíso, the home of his aunt, Doña Estanisla, who is a survivor from pre-war aristocratic colonial life. Flashbacks to the past of the main characters are interspersed with intense lyrical evocations of weather, vegetation and moments in the present. The children — Republican in background — are filled with the desire to fight and kill as part of a struggle for individual survival. Those who do not kill others, will themselves be killed. Once again, innocence and friendship are betrayed. Pablo, the leader of the *refugiados*, befriends Abel. They collect money and plan a joint escape to the front. Pablo deserts his friend who is then shot by the other children.

In *El circo* (Barcelona: Destino, 1957) the novelist returns to the present and the nihilistic pranks of Utah. Utah's form of protest against the greyness of conventional society is to be outrageous. Penniless, after an unsuccessful money-raising visit to Madrid, he hires a taxi to drive back to his long-suffering wife and child in Caldas on the Catalan coast. Whilst he and his drivers drink their way along, local youths plan in Caldas to rob the Francoist worthy, don Julio, whilst he is at a Fiesta. The Falangist provincial delegate repeats 'Todo es magnífico' as he presents medals to the old, whilst the youths rob and murder don Julio in his factory. On the hillside behind the factory and the *barrio* where the Andalusian workers live, stand enormous advertisements for *Aceites Esso* and *Chesterfield, la marca genuinamente americana*.

Although the pessimistic vision and futility of life in these novels reflect the frustrations of existence under Franco, there is here no one-sided photograph of life, no concentration on the misery of the poor. Goytisolo is interested in the interplay between past and present and dream and reality. The next novel, *Fiestas* (Paris: Club del libro español, 1958), explores that interplay more fully in an important historical setting. It is a more ambitious work both politically and artistically, and met with a hostile reaction from the censors. It is his first detailed fictional account of *chabolas*, the shacks on the city outskirts. Here the immigrant workers live out the reality of the dreams of the Catalan land of plenty which figured so strongly in their drive to escape the poverty and hunger of their Andalusian villages. The novel is successful, because the problems of the immigrants are not set forward in a limited context as in other contemporary works by Antonio Ferrer or Miguel Delibes.[20]

The novel takes place during a World Congress of the Faith. This is modelled on the International Eucharistic Congress held in Barcelona in 1952, a triumphant moment for the régime. Franco visited the city and its press elaborated at length on the sacrament, the Caudillo and Barcelona, holding up Spanish spirituality as an example to the world.[21] Goytisolo fiercely satirises the régime and the Congress through his characterisation of the Francoist Arturo. He surveys the growing sprawl of shacks daily through his binoculars and makes his ageing mother weep at his accounts of how the immigrants will soon occupy the whole city (15). There is a Spanish twist to his racist theme — it seems that the civil war was for nothing: 'Parecía que la guerra no había servido para nada. Los zarrapastrosos continuaban metiendo las narices en todos lados sin hacer ningún caso de la lección recibida' (14). The same family is fully involved in preparation for the Congress and talks eagerly of illuminated neon crosses, street parades and the glory of the Papal Nuncio's visit. They are only too pleased when the lorries and bulldozers arrive to remove the unsightly hovels which might have blighted the Nuncio's solemn procession around the city. In the inbetween world of immigrants and impoverished Falangists moves a series of individuals with their dreams: Pipo who rebels against his bourgeois background and befriends the sailor, Gorila, Pira who longs to win the lottery and meet her father exiled in Italy, Ortega, the liberal schoolmaster wishing to establish a free school for the immigrant *murcianos*. The dreams come to nought, since Pipo betrays Gorila to the Civil Guard and joins in the processions, Pira is raped and killed by a beggar on the fringes of the Congress, and

[20] In *La piqueta* (Barcelona: Destino, 1959) Antonio Ferrer describes only life in *chabolas* on the outskirts of Madrid. There are no strong individual characters nor does he give a vision of life elsewhere. Miguel Delibes, on the other hand, concentrates on one emigrant, stating that a humble hunter can give the measure of an epoch just as much as 'cualquier colosal burgués', and creates a fiction with a different kind of narrowness; *Diario de un emigrante* (Barcelona: Destino, 1958), 10.

[21] 'Barcelona, faro luminoso de proyección espiritual española', *El Noticiero Universal* (30 May 1952) and 'Franco, eucarístico', *Diario de Barcelona* (3 June 1952).

Ortega is sacked for his subversive nonconformity. The novel has a broad canvas of characters and situations and these are skilfully blended into the general political satire. There is plenty of life and imagination beneath the pessimism.

Goytisolo's final novel before writing *Campos de Níjar* was *La resaca* (Paris: Club del libro español, 1958). It is again set in the poor districts but here the theme is the lack of revolutionary spirit of the workers, as two anarchist militants of the civil war fail to animate dockworkers into organising themselves. Emilio returns to France, having failed to get a job and disheartened by the atmosphere of social peace. The novel ends with another satire of a Falangist Fiesta, the inauguration of a new block of houses, and a small ray of hope as a young boy refuses to read his triumphant speech, saddened by the misfortunes of his father and other characters. Antonio is betrayed by the young criminal Metralla who makes a solitary escape with money they have both stolen. It is Goytisolo's most committed work in its portrayal of a single class of society and its gloom is an attack as much on the utopian sentimentality of some of Franco's opponents as on the régime itself. This theme is to be an important element in his treatment of Almería in *Campos de Níjar*.

La resaca was the last novel in a series about postwar Spain. There are no spectacular technical innovations: rapid changes of scene or narrative points of view were by now commonplace in the European novel. However, the variety of characters and situations and the liveliness of the irony and satire make for novels about modern Spain which have a ring of truth, rarely to be found in the writing of other committed contemporaries.

Goytisolo's next novel, *Señas de identidad*, published in 1966 (Mexico: Mortiz, 1966), explores the tensions of Spanish history and politics through the bewildered pursuit by the intellectual Alvaro Mendiola of a coherent understanding of his past and present. Historical palimpsest, bitter literary and political parody combine in an intensely subjective narrative fiction. In the intervening years Goytisolo had turned to short stories and travel literature to explore his relationship with Spain. Many of the stories are set in southern fishing villages which are visited by young Catalan intellectuals whose social conscience haunts their enjoyment of sun, sea, wine and *tapas*.[22] They parallel in this direct way the themes of *Campos de Níjar*.

22 'El viaje' in *Para vivir aquí* (Barcelona: Seix Barral, 1961), 41-79 and 'Tercera' in *Fin de fiesta* (Barcelona: Seix Barral, 1962), 65-108.

ANDALUSIA: THE ART AND POLITICS OF TRAVEL LITERATURE

Travel writers inevitably reveal as much about their motives for travel as about the reality of the places they have visited. When they are travelling, they will tend to see only what they want to see. In subsequent literary accounts, they will be even more selective. Descriptions of railway holidays in India on the travel page of a newspaper will not give the same image of India as an article in the same newspaper's supplement on Third World Development. Spain and Andalusia in particular have always attracted Romantic writers in search of an exotic mixture of Moorish past and primitive gypsy present. Picturesque folklore provided an exciting escape from the monotony of city life and industrial society. The English traveller, Richard Ford, gave a description of life in Spain with considerable historical and geographical detail. However, the French writers, Hugo, Gautier, Mérimée and Dumas, helped by the spate of Romantic prints from Doré and others, developed a powerful image of a southern race of passionate people in love with music, drink and dance. Through Bizet's opera, *Carmen* (1875), the Andalusian stereotype became the popular European view of the whole of Spain. *Costumbristas* like Estebáñez Calderón make it the conventional Spanish view of life in the south.[23] It was the fantasy that Franco's Ministry of Tourism retailed through millions of brochures and posters to prove that 'España es diferente' to northern Europeans in search of the sun. It is a fantasy, because one small part of reality is isolated to entertain and romanticise. The bulk of travel literature is limited in this way. Writers are satisfied by colourful impressions and ignore more painful aspects of life. They see local inhabitants as elements in the scenery. Of the 1898 generation writers Antonio Machado had attacked 'la España de charanga y de pandereta' (1913) but Unamuno dwelt (1895) on the landscape as an expression of the Spanish soul and peasants were aspects of that eternal essence which it was in his gift to communicate.[24] In 1956 the French writer, Jean Sermet, in *La España del Sur* (Barcelona: Editorial Juventud) was able to write: 'Hay que saborear en ella la íntima y deliciosa unión de la tierra y del hombre ... Pueblo privilegiado el andaluz, enamorado

[23] R. Ford, *A Handbook for Travellers in Spain* (London, 1845); T. Gautier, *Emaux et Camées* (Paris: Garnier, 1872), 57-60, and *Voyage en Espagne* (Paris, 1854); P. Mérimée, *Carmen* (Paris, 1845); E. Calderón, *Escenas andaluzas* (Madrid, 1846).

[24] A. Machado, *Poesías completas* (Madrid: Espasa Calpe, 1971), 153; M. de Unamuno, *En torno al casticismo* (Madrid, 1961), 27.

del presente que le basta, pero cuyos gestos todos emanan del pasado
más remoto' (32). When he passed through Almería, his only desire
was to push down the accelerator and escape from the sad solitude and
boring villages. He assured his readership that poverty was not the
faithful image of contemporary Andalusia before praising the magic
and profundity of thought of the oldest people in Spain (99). The
travel books of Camilo J. Cela, whose novels abound in horrific
detail, are exercises in literary elegance. In his *Primer viaje andaluz*
(Barcelona: 1959) Cela adopts an archaic epistolary style to describe
the south. His view of Andalusia is a series of anecdotes and
picturesque episodes of medieval history. He has no communication
with ordinary people who are reduced to picturesque detail as in his
variations on the theme of 'Los culos de la mujer andaluza', or the
costumbrista picture of the street urchin: 'A la puerta de la bodega de
Pinto Villadiego, un nene pirotécnico se ensaya en machacar pistones
entre dos piedras; la puñetera criatura está feliz' (327). The chapter
devoted to Jaén is entitled 'El mar de olivos' but makes no mention of
the industry or the life of the *aceituneros* (145).

The originality of Goytisolo's travel writing lies in his ability to
avoid this blindness to reality and love of cliché. His aim was to show
the contradictions in reality: to capture the beauty and the poverty of
the south. He admired the ability of English writers like George
Borrow and Gerald Brenan to write more analytically about Spain. He
describes in his introduction to the *Obra inglesa de Blanco White*
(Buenos Aires: Ediciones Formentor, 1972) how his generation of
writers followed in the tradition of eighteenth-century writers like
Jovellanos who defended a militant literature which would propagate
truth to the people and who observed society from an exclusively
moral, critical angle. Literature had to be useful; travel descriptions
were to be aimed at bringing agrarian or other economic reforms.
Spanish writers rejected one of two conflicting demands imposed on a
writer; to consider both the aesthetic and ethical aspects of reality, to
unite action and contemplation, to be understanding and critical. By
rejecting one element of the antithesis, they wrote without seeing, and
their work reflected a clear contempt for some original and suggestive
aspects of Spanish life.[25] In *Campos de Níjar*, Goytisolo certainly
reaches towards his ideal. In his descriptions of Almería he
encompasses delight in natural beauty, enjoyment of the hospitality of
the people and anger at the problems of existence, the illness and
illiteracy which come with extreme economic underdevelopment. He

---

[25] Goytisolo, *Obra inglesa* (Barcelona: Seix Barral, 1982), 24-27.

attacks the stereotype of the lazy southerner and poses questions about the economy and historical development of the area. He avoids any tone of superiority by painful references to his own guilt as the privileged tourist who will tomorrow abandon his new friends for the comforts of Barcelona.

Goytisolo's motive for writing about the south derived not from a simple wish to escape from Barcelona but from the need to find out what 'los emigrantes hacinados en los suburbios' were fleeing from.[26] It sprang from a coming to terms with the presence of large numbers of emigrant workers in the city. He had been brought up to accept the conventional explanation of why Andalusians were low-paid workers and civil guards — they were lazy and biologically inferior, born to labour. In Ortega y Gasset's words they enjoyed a 'sentido vegetal de la existencia'.[27] Catalan friends at university saw them as Franco's policemen against national freedom. This Barcelona version of the universal racist lie about emigrants was only erased from his mind by daily contact with Andalusians during military service and the discovery that in the south there was another kind of poverty that was even more cruel and inhuman. On his first journey to the south, he rhapsodised to a Sorbas bar-owner on the beauty of the lunar landscape and was curtly told that for the inhabitants it was a cursed region.[28] Real education and self-awareness began here in the conflict between aesthetic delight and the depressing reality of life for those who depended on the barren wastes. Unlike previous travellers Goytisolo spoke and listened to ordinary people, saw the interconnection between different elements of Spanish life. Already in *Fiestas* we have seen *chabolismo* portrayed in a satire of the Franco régime. In *Campos de Níjar* he resolved to 'pintar el hombre y el paisaje en el que el hombre nace, trabaja, pena, y muere'. His angry empathy is an attack on all who believe in fixed national or regional characteristics.

[26] Goytisolo, 'Tierras del sur', *El furgón*, 273-94. This is the clearest description of the evolution of his personal attitude to the south. It was written in 1962 as an introduction to the Italian edition of *Campos de Níjar*.

[27] *El furgón*, 282, notes how Ortega's views show contempt for the south in the present and the inheritance from Moorish culture in his *Teoría de Andalucía* (Madrid: Revista de Occidente, 1942).

[28] *El furgón*, 276.

THE STRUCTURE AND THEMES OF *CAMPOS DE NÍJAR*

In 1960 Biblioteca Breve published two accounts of journeys through unknown regions of Spain, Goytisolo's work and *Caminando por las Hurdes* by Antonio Ferres and Armando López Salinas. They had similar formats, a map of the route and the area and photos, and both narratives told of a Spanish reality which never appeared in the official press. The description of Almería gains in intensity from having only one narrator.[29] The reader follows the adventures and experiences of the author from his arrival in the provincial capital, Almería, to his departure on the road to Murcia. On the surface it seems to be told as it happened since the narrator links the different dialogues with descriptions of scenery and his thoughts on what he sees. However, the writer has selected the encounters he wanted to include, the conversations and their place in the narrative. Goytisolo writes: 'Condensé en un solo viaje el fruto de mi experiencia de viajero por la región entre 1956 y 58 (3 viajes). El hilo narrativo es pues un procedimiento literario destinado a enlazar hechos reales (¡Ah, las relaciones entre vida y literatura!!)'.[30]

The fictional narrative binds together and concentrates real experiences from three journeys. The reader's interest is held both by the events of the single fictional journey and the development of the narrator's feelings which are asserted strongly and frequently. There is a sense of the self-consciousness of the writer from comfortable city life and of his guilt in relation to the poor of Almería whom he befriends for a few hours. At the same time, the reader is carried forward by the authentic detail of description and the flow of humanity as new acquaintances are rapidly established. A picture of working conditions, family life and daily rituals emerges in a society which desperately needs change. In villages without cars, television or refrigerators, Goytisolo captures the despair at the poverty of rural life and the opportunism of those eager to develop tourism. The poor emigrate whilst the Francoists prepare to make their millions. This is Goytisolo's truth against those who talked of imminent social

---

[29] Las Hurdes is a depressed area in central northern Spain. The inner response of Ferrer and López Salinas rarely emerges in the narrative and their commentary has a flat propaganda style: '—Hay bien poco que contar de esto — dice Antonio — de este lugar.
—¿Quién sabe? — dice Armando — lo menos hay veinte familias viviendo ahí dentro, luchando, trabajando cada día.' (101)

[30] Goytisolo, letter to editor, 3 October 1983.

revolution.[31] In the 1960s emigration and tourism were to be the boom areas in the Spanish economy.

Attracted by the dry, lunar landscape, Goytisolo had chosen his *patria chica* which he visited for the first time in 1956. On earlier visits he had promised himself a more leisurely visit to the area of the Cabo de Gata, which name had been drummed into his head in a tedious rote-learning of the Spanish capes. The first conversation with two rather sinister drunks focusses on the central issue at the end of chapter 1. After admiring the beauty of local well-to-do girls, they comment:

—España es el mejó país del mundo.
—No tendrá el adelanto de otras naciones pá vivir.
—Caray, que no lo cambiaba yo por ninguno. (47)

So went official propaganda. Spain might not have the technology of the West but there could be no better place to live. That was why so many foreigners were keen to come. In subsequent chapters, the reader learns about the quality of that life through over twenty conversations. The convenient myth of the régime is contrasted with the reality of experience. That reality includes victims of hunger who accept the official view as consolation.

On the coach to Níjar the author's forty-year-old neighbour talks of his regrets at leaving Barcelona, where he worked for ten years, because of his wife's problem with the climate. The gold-paved streets of Barcelona appear obsessively in every conversation. It is *the* solution to present misery. The land of Almería needs money for irrigation and most inhabitants have no money. The mountains are littered with the ruins of past glories: the spa of Alhamilla where the rich of the provincial capital used to take the waters, and the abandoned mining centres. Outside El Alquián are recent examples of the half-hearted attempts by central government to improve life in the south. The scaffolding round the unfinished school building provides an original framework for the landscape. A work of the Falange, it came to a halt through lack of credit. The government agency for land reform, the *Instituto Nacional de Colonización*, has attempted to encourage the cultivation of hemp, sisal plants, prickly pear and guayule which need little water — but with little success.

Goytisolo gets an illegal lift with a lorry driver who quickly wets

---

[31] For a fictional account of the utopian illusions of the opposition and the policies of the Communist Party, see J. Semprún's novel *Autobiografía de Federico Sánchez* (Barcelona: Planeta, 1977).

his lips at the mention of the Catalan El Dorado. The lorry driver works for two firms and rarely rests. Sunday is spent sleeping. The name of Franco, painted on the side of ruined hovels, causes the driver to recall the Caudillo's recent visit to the gold mine of Rodalquilar. The next slogan — 'A Holivud Dos Quilometros' — contrasts ironically with the invocations of the dictator (56).[32] Rodalquilar has no glamour, only the usual new utility buildings, church, school and barracks for the Civil Guard. In the inn Goytisolo chats to locals about three girls who have just eaten there. They are the schoolmistresses. Rich girls pay for a substitute to come and do their time in the town. There are no fiancés and they remain spinsters.[33] The men then exchange confidences in low voices; only snatches of conversation can be overheard. Unlike the dialogue at the end of chapter 1, the sentiments being expressed do not have state approval, and there is fear at making them public in front of a stranger. There is resignation — 'no poemos quejarnos' — and a hint of past rebellion with a mention of names — 'Ah ese día...'. Although the men had begun by affirming that they were country yokels, it is clear that this is a defence mechanism, a shyness about discussing their opinions with people from a different class (60). It was also dangerous to voice openly criticisms or opposition to the régime.

However, fear of repression does not prevent the traveller from getting a friendly reception. There is a keen interest to help the man from Catalonia as if speaking to him brings a little nearer the wonders of that region. A friend of the lorry driver searches out the writer to offer him a lift to Níjar. He drives a lorry for the mining company and will go as far as Las Pipaces. He travels with nine dirty, poorly-clad miners. The driver begins the conversation by introducing the guest from Barcelona — 'Los catalanes somos un poco los americanos de aquellas tierras' (63). He lies about having work in Catalonia and is met with incredulous laughter when he remarks that he is on holiday in Almería. The driver is in a rush to get home to see a cultural highspot in the Spanish Hollywood — a film shown by a travelling cinema from Murcia.

[32] Michael Ugarte, *Trilogy of Treason. An Intertextual Study of Juan Goytisolo* (Columbia and London: University of Missouri Press, 1982), sees this description as 'a mixture of lyrical description and crass objectivity', 17.

[33] Miguel Siguán Soler, in his sociological study of Eastern Andalusia, describes how he found in the schools 'maestras que se han adaptado a este ambiente aislado y dispensan una enseñanza rudimentaria y rutinaria. Otras están servidas por interinas que cambian continuamente', *El medio rural en Andalucía Oriental* (Barcelona: Ariel, 1972), 190.

As they set off, in the back of a workman's lorry Goytisolo hears his first flamenco songs as Saturday fever grips the men. The melancholy songs bring to mind a fine singer who left his job in the mine to go to France. The authorities traced silicosis and sent him back. The mine would not re-employ him nor give him compensation. When he is dropped near Las Pipaces with three *nijareños* they point out new crops of tomatoes, aubergines and grapes and the new irrigation of 50-metre-deep wells. Another conversation with a builder from Almería follows what is becoming a familiar pattern in the dialogues as information about the way of life or economy is followed by critical or moralising comment. Thus, for the locals, the builder is friendly but corrupted by power. There is a cryptic reference to Gabriel who was not corrupted by power — the suggestion being that he used his position to help others and was punished. The tone becomes again one of resignation and acceptance of the impossiblity of change. One worker tells Goytisolo that he has been walking the same route for ten years, morning and afternoon, with no variation. As the approach is made to Níjar itself, the feeling that the inhabitants are trapped and that escape is impossible is reinforced by *el bajito* — 'Dicen que el mundo cambia y pronto llegaremos a la luna, pero pá nosotros, tós los días son iguales' (68). An account follows of the problems the land offers for development. The lack of trees leads to erosion; frequent high winds bring dust clouds and eye diseases. It is small consolation that the land is worse around Carboneras. The 500 miners and their families face threats of trachoma and silicosis, bad conditions in the mines and little response from the land. The terraces for almond and fruit trees built on the hill-sides around the town are signs that men have tried to work harmoniously with nature to change their lives.

Goytisolo has so far met only working men. *El bajito* introduces him to his first impressions of family life. There are four fly-ridden children and a mother worn by childbirth and upset about her blind baby. The only possibility of cure is from a doctor who lives in ... Barcelona, and for that journey there is no money. Women are always pregnant, not through any love of procreation but because sex is one of the few distractions in life. All families have four to six children, and a woman at the end of the street had thirteen. A large group of these children gather round the stranger as he walks around the town, and he is exhorted to see El Paseo, the one local symbol of modernity, a high street with tarmac, gardens and neon-lights. This typical example of ostentatious Francoist public works is an incongruous transplant from Sitges or some other fashionable resort.[34] In contrast, the road which leads to the famous potters of Níjar is mostly mud and sewage. The narrator relates how the pots are sold for high prices in Madrid and Barcelona and how little money returns to Níjar. Some enterprising *nijareños* have set up shop on the roadway through Lorca, Totana and Puerto Lumbreras to take advantage of that tourist route. Whilst the potters turn the clay, they add another chorus to the tales of hard work for no reward. Their only consolation is that they do not have the illnesses or working conditions of the miners. On his way to his inn the visitor passes a series of open doors and sad family scenes. He refuses to buy prickly pears from a desperate old man but by the time he has realised the despair in his eyes he cannot find him.

At the end of his first day of intense exposure to the realities of everyday life in Almería, Goytisolo begins to draw conclusions and uses a passage from Ortega y Gasset to lead into a criticism of ruling élites. Ortega was a right-wing liberal philosopher who returned to Spain after the civil war. Whilst maintaining an urbane distance from the fascist régime, his love of German militarism and Castilian centralism enabled him to become an approved thinker. In *España invertebrada* (1921) he stated that only Castilian heads had adequate brains for perceiving the problems of the Spanish nation.[35] In *La rebelión de las masas* (1937) Ortega had mentioned in a footnote an incident in Níjar when Charles III was proclaimed king.[36] The *nijareños* celebrated by getting drunk and destroying the town, and this was an indication of what life would be like under the rule of the masses. Goytisolo is the antithesis of Ortega and blames the ruling select minorities and not ordinary people for wasting money in the peninsula. His *hombre de buena fe* (77) can see behind the occasional bouts of drunkenness to the victims and the really guilty sectors of society. This paragraph is the lengthiest interpolation so far by the author, and comes naturally as he thinks through his first day's experiences. However, any sense of self-righteousness is punctured by the realisation that he will soon forget what is happening in the world after a good meal and bottle of wine. Bed is a welcome place for anyone who has a full stomach, knows that the following day he will

[34] Soler, 25, remarks that Castrillo on the edge of the *campos de Níjar* had 'una calle principal que parece excesiva para lo reducido que es el pueblo'.

[35] J. Ortega y Gasset, *España invertebrada* (Madrid: Espasa Calpe, 1964), 48.

[36] J. Ortega y Gasset, *La rebelión de las masas* (Madrid, Espasa Calpe, 1964), 70 fn 1.

have all he needs, and can go from place to place without ever being a slave and looking at the problems of others from the outside like a spectator. These thoughts make sleep difficult. Goytisolo may have a social conscience and a more human ideology than Ortega y Gasset, but he too is guilty of complacency. There is always Paris tomorrow.

On day two of his journey the indulged tourist wakes up late, misses his bus and sets off to walk to the Cabo de Gata after adding to his already considerable repertoire of barber shops. It is to be a day of admiration for the Almerian steppe where he will meet foreign tourists and encounter the grotesque and the proud in reactions to material hardship. He walks under the Sunday sun through the land empty of men, trees and water till he reaches, through prickly pears and hemp plants, a shining Peugeot 403 with a Paris numberplate. The Parisian has dressed up in the attire of an African explorer with khaki trousers and white shirt but forgot to refill the water-tank before crossing the desert. His wife berates him for bringing her to poor countries. Fortunately, the old man with the prickly pears walks by and tells of a nearby well. His life makes a bitter contrast with this absurd pair. Just as family life under Franco is no pure joy, so old age for the *vencidos* is a fight for survival. His wife is ill. No-one will buy his fruit which becomes their staple diet. Emigration and the civil war have broken up the family which his wife had hoped would look after them in their old age. They have been abandoned by their sons in Barcelona, France and America. The eldest son who was different fought for his ideas in the civil war but was killed by a mortar-bomb in Gandesa. Since the end of the war there have been long years of drought and hunger. The old man is dignified and proud and will not accept money for his fruit which he knows Goytisolo does not want. He will only accept alms. There should be no pretence that anything but charity is being offered. Old age and poverty are a recipe for despair in Almería.

As the road cuts through the Almerian landscape towards the coast, there is a change in atmosphere. Crows fly above the dry track and the air is filled with the stench of rotting flesh. Under the merciless hot sun the traveller seems to be entering a world of dreams. It is an appropriate spot to meet the grotesque road worker, Feliciano Gil Yagüe, with his toothless grin and eyes eaten by disease. Yagüe seems to have been drawn from the *esperpento* tradition of Valle-Inclán and Goya in which the Spanish response to poverty and death is macabre and grotesque. He tells of an appearance of the Virgin Mary to local fishermen 1000 years ago. Then there is the horrific accident of Eulogio who put too much mustard and dust in his eyes to simulate trachoma in order to fail his medical examination for compulsory military service. He went blind. He was then knocked down by a lorry and took nine days to die. Last month a sow bit off the head of a friend's child. The child's picture appeared in the pages of the sensationalist weekly, *El Caso*. One way to forget one's own plight is to dwell on other people's disasters and the cruelty of fate. It may even be enjoyable.

Goytisolo finally reaches the coast at San Miguel de Cabo de Gata. There is a feeling of relief and of productive space in the expanse of salt-pans, the sea, the Arab-style housing and fishing boats. He is welcomed by a group of children who lead him to an equally welcoming inn-keeper. In the dining-room where he is led by the latter, clad in most modern jeans and cotton shirt, he soon gets into conversation with two men on temporary work in San Miguel mending a fishing boat. They are outsiders and prefer the life of Cartagena and Málaga. All that happened in San Miguel last night was a fight between a taxi-driver and drunken American sailors who refused to pay their fare. The driver knocked them out and stripped them of all they had. The contrast is not only with Cartagena but with the desert, here there is work and a more active life but the new constructions by the mountains of gleaming salt are as ever symbols of the régime — a grey church and a solitary cross in the style of the *valle de los Caídos*. As the writer reaches the head of the Cape, he sees the beauty of the lighthouse and is struck by the possibility for tourist development. Ironically, the only track available is banned to private cars. He meets a pioneering Swedish couple on the beach and the inn-keeper's strange remarks about their mad behaviour suggest the impact on local morality which economic development might bring.

On his third day of exploration Goytisolo notes how the early risers in the town square give the lie with their desperate faces and poor clothes to the refrain 'a quien madruga Dios le ayuda' (96). The innkeeper's friend tells him about his exploits on the beach with *la sueca*, as they head for San José in his mule-drawn cart. Argimiro talks of the drought and then more substantially of the lead and manganese mines which were shut at the beginning of the century by foreign companies. Workers were sacked and a series of ghost towns were left between Boca de los Frailes and San José. The writer thinks of the general crisis in mining in Almería and of the need for someone to discover the causes. Ruined houses and empty squares join with present images of women on donkeys and a donkey pulling water to provoke a mood of pessimism that San José will only intensify. The town, like so many in Spain, seems to live on past glories trapped 'en la evocación huera y enfermiza de su esplendor pretérito' (100). The atmosphere of fatalism and abandon brings to a climax the series of impressions of despairing lives. The people avoid his gaze. The school is empty. Even the watchtower built against Moorish invaders was built too late. He furiously waves at a saloon car in his desire to leave this sombre place.

This lift marks the final stage in the odyssey through the country-side. It is the first conversation with a supporter of Franco, as the striped shirt, tie and suit proclaim this man to be. The rapid survey of provincial society is completed by the *cacique* whose figure now becomes dominant. The main contradiction and a further source of despair for the author is that the only sign of planned tourist develop-ment for the area comes not from local people but from don Ambrosio, the cynical Castilian who can see the potential. The true significance of his 'La región es pintoresca' becomes clear as he boasts how in ten years he has bought up an entire fishing village as emi-grating fishermen are prepared to sell for next to nothing. Ambrosio begins to enunciate the regional stereotypes against which the book has been written: in Castile and the north, people are well-educated, and know how to use money properly. He can speak confidently of the horrors of civil war, of persecution by *los rojos* and the humiliation of the Bishop of Almería. In Los Escuyos he takes Goytisolo to a ruined castle and waxes nostalgic about pre-war society receptions. He enters naturally into conversation with a corporal of the Civil Guard. Previously, those local symbols of the régime — priest and civil guard — remained in the background, as Goytisolo talked with workers. Now there is a different kind of whispered, hinting conversation as Ambrosio is fixing a deal for the civil guard.

The poor of the village approach Ambrosio deferentially. An old man takes his hat off and nervously grasps it whilst asking after his mother. After twenty minutes he takes his guest to the top of a hill to show off the beauty of the setting and smiles happily at the money to come when the new road is built. His next conversation is with a less deferential Juan who wants the use of a house sold to Ambrosio, for a few months, as a new child is arriving and alternative accommodation has not yet been found. Ambrosio is every inch the hated dictator *a nivel de pueblo*. Whilst rejecting this pathetic demand, he distributes sweets to local children. The bar they enter is the first to be dominated by symbols of the Nationalist victory with the flag and portraits of the Axis dictators on the wall. In previous bars their absence was conspicuous. It is the right place for Ambrosio to boast about the happiness of the town and how he quickly gets rid of any critics of his bounty by paying their journey to the north. Here we have the local representative of the Francoist state convinced of his racial superiority and Castilian spirituality.

On the journey back to Níjar he spells his beliefs out more clearly: southerners are in love with habit and appearance and easily accept low wages, provided that they can drink and clap their hands. They are slaves. Castilians belong to a line of artists, kings, saints and conquerors. The conversation recalls the early quotation from Ortega y Gasset and the long suffering, hardworking *almerienses*. The ruling élite, the victors of the recent Crusade, establish their exploitation of the economy as a natural right. Goytisolo reacts with a brief version of the history of Almería. Its inhabitants have never been the protagonists of history, but always the foot-soldiers and cannon-fodder. It has never really been a part of Spain and has always been ignored by writers and politicians. It was colonised by the Bourbons in the eighteenth century and then by foreign capital. The *cacique*'s generalities spark off Goytisolo's thoughts about the continual exploitation of the *almerienses*. Once again, he puts the blame not on inherent characteristics of the people but on the persistent brutal colonisation of the area. To emphasise the writer's conclusions, Ambrosio leaves him before reaching Níjar in order to visit a friend from Salamanca. A former provincial delegate of the Falange, he has amassed a fortune in business and is now buying up land. After Franco's victory, the spoils are being distributed.

In Las Negras Goytisolo is invited to a funeral by someone he had travelled with to Las Pipaces. A brigadier of the Civil Guard talks of tourism and plans for electricity whilst old ladies in black act out grim mourning rites proclaiming that 'No somos ná'. The cemetery is simple and primitive. Death is anonymous; the graves are only marked with a pile of stones. Goytisolo promises that he will come back another day, and knows he lies. He feels he must get rid of the hanger-on in need of the prestige of a Catalan friend. A storm gathers over the mountains as he waits for the coach to Carboneras, and depression takes over as he reviews his three days of journey. A limit has been reached and he can stand no more. In every town there would be the same people, his anger and their despair. The writer from Barcelona sees the same hungry faces during the bus ride which has a surreal atmosphere. Murky rain falls and an Italian operatic aria blares out from the radio. The self-aware tourist exorcises his guilt and impotence in Carboneras by getting drunk. In the bar, a watercarrier and carter echo a conversation at the beginning of his journey — 'En España no hay el adelantó d' otras naciones, pero se vive mejó que en ningún sitio ...' (123). He wants to say that beauty is not an excuse for doing nothing and that they should resist the temptation to become postcards or museum-pieces. They talk of flamenco and bulls, and he drinks and then sleeps on the beach. Frustration at local acceptance of one strand in official propaganda is compounded by his inability to change the fortunes of his brief acquaintances who are generally quite sure that their lives could not be much worse and who only dream of emigrating.

Thirty-six hours later he recovers his calm on the return journey to Murcia. The news in the newspapers reminds him that anguish is only a passing experience and that all is for the best. There is an ironic contrast between the non-news of basketball victories and regional fairs, the elegant world of Jantzen swimming fashion and the Queen of the Burgos fair, and the reality he has described. The local Falangist daily newspaper, *El Yugo*, would never consider news-worthy the story of *el viejo de las tunas*, *el bajito* or the miners of Rodalquilar. The readership is reassured by the news that the olive harvest will be better and that the esparto grass sandal is on the way out. Life is obviously improving in the countryside.

Campos de Níjar stands as a blow against such deceptive propaganda and a rare record of life in the late 50s. In Almería Goytisolo found poverty, hunger and despair and mass emigration and tourism on the horizon. The description of his own emotional reactions to contact with the raw experience of the monotony of sub-sistence living is not histrionic self-indulgence. Honesty about his personal limitations enhances the realism of his narrative. Objectivity comes through this subjective involvement. Through his account, we experience the harshness of existence that lies behind the emigration statistics of the next decade. This has to be recognised as one of the main literary achievements of Goytisolo's early work.

Use of Language

The Spanish language in its public, printed form was by 1960 suffering from a surfeit of verbose rhetoric. Domestic political and economic activities were reported in terms of heroic deeds and triumphal achievements. The critical writers of the *novela social* had developed a more direct, plainer style. Delibes delighted in peasant colloquialism, and Cela in a variety of language games. Goytisolo was to see Spanish as a colonised language and an attack on official language as the vital task.[37] In *Campos de Níjar* he began to develop a distinctive style in which poetic image, historical, economic and colloquial registers are fused. Almería was of all the provinces of Andalusia an ideal subject for establishing a language purer in its description of social reality and natural beauty: 'Por esto me gusta Almería. Porque no tiene Giralda ni Alhambra. Porque no intenta cubrirse con ropajes ni adornos. Porque es una tierra desnuda, verdadera ...' (123).

(i) *Description*

There are three kinds of descriptive passage in *Campos de Níjar*: lengthy paragraphs in which the writer communicates his own intense vision, brief sentences which complement a conversation, and short impressions of villages he visits or people he meets.

The opening paragraph of the book is a fine example of the first category. The personal tone is revealed in the strength of his first look at the startling Almerian landscape from the national 340 roadway: 'Recuerdo muy bien ... En vano había buscado ... Guardo clara memoria ... Me había parecido entonces ...' (45). The names of the villages are a mixture of exotic Moorish past — *el valle del Almanzora* — and the prosaic present — Cuevas. The picturesque sight of the houses of Sorbas overhanging the abyss gives way to the harsh mountains of Tabernas. The road winds through badlands of dry riverbeds and gulfs. The image of a lunar landscape, hammered out and baked by the sun, is softened by a poetic mist. The search for shade in the barren eroded hills of the Almerian desert has that consolation: 'En aquel universo exclusivamente mineral la calina inventaba espirales de celofán finísimo.' After the powerful visual image of the cellophane mist with its liquid 'm', 'f' and 'i's, and creative 'inventaba' come the oasis of Rioja and Benahaduz. The African panorama of green orange trees and palm trees is a brief, illusory break in the endless waste. In the final sentence, the poverty of the people is prefigured by cave dwellings and the sarcastic comment of neighbouring provinces; the last image — the predominant view — is of a sunscorched waste whose folds imitate the

---

[37] Goytisolo, 'Julio Ortega: Entrevistas a Juan Goytisolo', *Disidencias* (Barcelona: Seix Barral, 1977), 289-325.

waves of a petrified, whitish sea. Goytisolo's compressed language has concentrated the beauty and the barrenness in his introductory paragraph.

During the first conversation with don Ambrosio the short descriptions of villages and people conflict ironically with his self-confident, loyalist assertions (102). Whilst he boasts of his cheap purchase of cottages, his chauffeur pauses for a shepherd boy and his flock. Goytisolo draws our attention not to any Biblical picturesqueness or pastoral idyll but to the pathos of the boy's state. Hardly a metre high, he is already earning his living. Ambrosio comments that parents are right to send their children to work at seven, since hunger is the best master. His passenger sees rather a puppy abandoned by its mother and his sadness is reflected in affectionate diminutives, *zagalillo* and *la triste silueta del pastorcillo*. Such short description can be lighthearted. In the episode with the French couple there is, on the one hand, the 'eternal' rural scene of the boy breaking up clods of earth, the red-winged thrush perched on the prickly pear, a mackerel sky above the mountains and a heat haze over the plain. On the other, there is the French tourist/khaki-clad explorer leaning on the mudguard of his Peugeot with no water in the desert (79).

Other descriptions are simple impressions of villages and scenes which are highly reminiscent of Antonio Machado's short poems of still moments in village life. On leaving Rodalquilar Goytisolo notes the people wakening from their *siesta* with the ubiquitous children, priest and civil guard: 'Tropiezo con mujeres, viejos, chiquillos. El cura está de tertulia con los civiles. Un coro de voces infantiles salmodia una oración en la escuela' (62).

(ii) *Imagery*

There are many simple, striking images in this view of provincial life. The language appeals to the reader's imagination by rendering the description more intense. The images are drawn appropriately from natural life and everyday reality.

The majority of images stress the active power of the sun. The southern sun beats down mercilessly on the traveller. It is angry and attacking, 'el lujurioso sol que embiste como un toro salvaje' (85). It is the triumphant virile master of the land and has the wild arrogance of a mountain goat, 'El sol se ha apoderado plenamente del paisaje y flamea en lo alto como un chivo' (98). It hungrily eats at the crops in the fields, drying up life, 'La solina se ceba en los trigales como un animal famélico' (103). In an allied physical image the sun shines down malevolently 'como un tumor de fuego' (82). The rays are so strong that even the sea on the horizon seems like 'una franja de plomo derretida' (49), as if the sun has melted the mineral-laden land of Almería. The song of the cicadas calls out against the heat 'como una sorda protesta del suelo' (83). The sun's only use is as a compass in a desert sea of clay for the lost traveller (79). The sun is a violent, active agent forming the land against which man must fight — it cooks the land (79). Ironically, Goytisolo inverts the terms to describe himself, the northern plant, who will die without that very same sun, 'El propio caminante, desde que vive en el norte, se ahíla y desmedra como las plantas privadas de luz, y es un apasionado de luz' (79). The expanses of sun-baked desert are broken up by mountains, sparse vegetation, cultivation and the occasional oasis. The mountains may seem like cardboard (49). Old mines are encrusted to their sides 'como nidos de buitre' (49). In a more extended image the mountains lie like giant sleeping animals, 'Las montañas se interponen entre el llano y el mar como gigantescas bestias acostadas y amurallan el horizonte con su testuz alto, sus grupas redondas, sus lomos macizos y lisos' (100). Very occasionally clouds hide their peaks 'en un turbante gris y sucio' (114). Vegetation struggles to survive and in these exceptional conditions has its own wildness. The sisal and hemp plants dry in the sun like 'estrellas de mar, tentaculares y retorcidas' (50) and olive trees hurl themselves over cliffs like runaway flocks of sheep (69). A field of bright yellow flowers becomes a violent brush stroke (85). Palm trees may give exotic oasis colour in the desert (88) or flap grotesquely like moulting birds (105).

The sea offers a refreshing alternative to the desert and an opening out to other worlds. There is a beautiful panorama as sea currents form zebra patterned lines of foam over the blue and the headlands stand out like walruses covered in foam (94). Although the sea can be violent and boats on the beach may seem like insects thrown down by a storm, a happier note prevails: they are like enormous butterflies (88). The sea has a gentle warmth, 'rizado como un campo de escarola' (104) and boats sway delicately like 'cáscaras de nuez' (109).

In the city of Almería people have given colour to their hovels with roofs painted 'como fichas de dominó azules, ocres, rosas, amarillas y blancas' (45) and the city's breath rises like that of a tired animal' (45). In the countryside the few images emphasise backwardness and misery. A village idiot has handle-shaped ears (49). Feliciano Gil's mouth smiles like a pale, toothless scar (87). Workers on their way to work are mechanical and regular like a flock of birds (97) or robots (101). There are few images related to people whose reality is conveyed through brief descriptions of clothes and through dialogue. The images which are mainly of natural life serve to strengthen the sense of the victimisation of Níjar and its harsh existence and to intensify our feeling of the changing moods of the narrator.

(iii) *Dialogue*

Talking to local people was the best way of finding out about day-to-day existence. It was almost the only way, since newspapers did not report that reality, and they as illiterates could not record their feelings. At the level of the Francoist state Castilian Spanish was the official language and no other form was acceptable. Goytisolo reproduces the commonest aspects of the southern register and this was a clear necessity for the sake of authenticity. The intervocalic 'd' is generally omitted, 'trabajao', 'marchao' (48), as is the final 'r', 'sacá', 'tené' (48), and the final 'do', 'da', 'forrá' and 'experimentá' (49) and 'tó' (65). There are some common colloquial forms, 'mú' for 'muy' (70), 'naide' for 'nadie' (71) and southern diminutives 'cieguico' (70). However, there is no more than a flavour of the southern register. Goytisolo does not reproduce systematically the accent nor the vocabulary of the south. One can assume that for most readers the flavour suffices to give realism to the dialogue. There are some inconsistencies and far too many non-dropped 's'es. The total lack of swearing is also striking. Perhaps the author wished to concentrate the reader on the reality of life and not to divert attention to colloquial language. He may have been influenced by fear of censorship in relation to *palabrotas*.

The conversations are direct in tone and abound with lapidary statements about the nature of life. There is no shyness in asking Goytisolo about himself or telling him about farming improvements and life's hardships. He is welcomed as a sympathetic guest and honoured with confidences as the *señor* from Catalonia. Short, simple sentences about life frequently remind him of their resignation, hardship, feeling of inferiority and their constant wish to escape:

Aquello sí que es vía
Aquí uno se hace viejo en seguía (48)

Nosotros trabajando siempre
es la vía. (55)

Aquí somos tós unos paletos y nadie se atreve a
hablarles (59)

Ojalá que estuviera yo en su sitio y usté en el mío (63)

Aquí las mujeres están siempre encintas (71)

Aquí la faena es cansá, pero no te tié amarrao (76)

Aquí, al que bebe, lo tién muy criticao, pero ¿qué quié
usté? Cuando uno es viejo y está sólo en el mundo. (86)

This sententiousness is a constant litany throughout the book,
reaching fever pitch at the funeral, 'La vía es eso', 'No somos ná',
'Tós tenemos que pasá po 'l tubo' (118).
Goytisolo is careful to give a particular timbre to each conversation.
The emphatic reverence of the old man for the Spaniard who speaks a
foreign language is communicated through his repeated use of the
polite form of *usté* (81). Young Juan Gómez is too interested in
latching on to a visiting Catalan — '¿Es usté rico? Bueno, quería decí,
¿ha seguío estudios?' (118). Ambrosio is the only one who speaks
confidently about himself: 'Yo, en menos de diez años, he adquirido
un pueblo entero' (102).

ANDALUSIA: HISTORICAL REALITIES

During his journey Goytisolo raises briefly questions about the
economic and historical development of Almería and Spain. The
reality of life captured in his narrative is an incentive to find out the
causes of present poverty. In *Tierras del Sur*, *La Chanca* (1961) and
España y los españoles he stresses the abrupt changes in economic
activity in the south from the prosperous days of Arab empire to
colonial status mismanaged by a disastrous combination of absentee
landlords, northern industrialists, foreign companies and central
government.[38]
After the civil war the Franco régime adopted a policy of economic
autarchy. Such self-sufficiency would obviously require land reform
and huge investment. Peasants had fought during the war to take over
the large estates — *latifundios* — which gave them work for less than a
third of the year. Pierre Vilar mentions how the Medinaceli family

[38] Goytisolo, 'Tierras del Sur', *El furgón*, 283-92; *La Chanca* (Paris: Librería
Española, 1962), 97-130; *España y los españoles* (Barcelona: Lumen, 1979), 117-40.

devoted 15,000 out of 16,000 hectares of good land to the hunt.[39] The defeat of the Republic ended dreams of collective farming. To read Franco's speeches it seems that there would be immediate action to apply technology to irrigate land, since drought was as large a problem as land ownership.[40] In 1943, during a tour of Andalusia, Franco described how 'en Almería, de la tierra sedienta y de las cuevas inmundas, vi también la plenitud de nuestra obra en sus realizaciones: allí contemplé los barrios inmensos en febril construcción, encontré a los ingenieros taladrando la tierra en busca de las venas líquidas que fertilicen en sus campos'.[41] On 9 August 1945 the Cifra press agency declared that there would soon be no unemployment in Andalusia: 'Es deseo del Caudillo que sea anulado este fenómeno social en el futuro.' In 1961 he was still making emphatic calls for more water in Almería.[42]

Some irrigation and family resettlement was carried through by the Instituto Nacional de Colonización. However, the INC was a failure. In the mid 70s only 8% of Andalusia was irrigated and only 2000 families were being settled a year.[43] Emigration, whether permanent or temporary, continued to be the only solution. From 1901 to 1930, 317,000 people left Eastern Andalusia and from 1930 to 1960 the figure climbed to 640,000. During this period Almería was the top of the emigration league.[44] A report gave Andalusia the lowest living standards of the continent; annual per capita consumer spending was £258 compared with £1,360 in Hamburg. The region had one-sixth of the national population and the highest birth-rate.[45] The answer to poverty and unemployment was not to be land reform but the systematic organisation of emigration. In March 1960 an agreement was signed with Germany to encourage emigration. As the economy

[39] P. Vilar, *Spain: A Brief History* (Oxford: Pergamon Press, 1967), 69-70.

[40] P. Vilar, *Spain*, 123-24, points out how agricultural activity remained stagnant from the end of the war till the early 60s. From 1930 to 1955 the production value per employed agricultural worker went down by 18%.

[41] Manuel L. Abellán, *Censura y creación literaria en España (1939-1976)* (Barcelona: Ediciones Península, 1980), 51 fn.

[42] Goytisolo, *El furgón*, 285.

[43] The INC plan was to irrigate land, build model villages and re-settle there families from more desolate regions. For a chronological sketch of attempts to modernise agriculture in the south, see J. Naylon, *Andalusia* (Oxford: OUP, 1975).

[44] M. Siguán Soler, 142.

[45] J. Naylon, 9-10. The report is *Marketing Potentials of Europe's Regions* (London: Europotentials and Planning, 1973).

of Western Europe boomed, similar agreements were signed with other governments.

By the early 70s Andalusia had lost 10% of its population: over one million had gone abroad and another three-quarters of a million were in the industrial belt around Barcelona. The dreams of the *nijareños* seem to have been realised.[46] The régime which was supposedly dedicated to the construction of one great united Spain opted to export its unemployment problem.

Following the social unrest of 1956 Franco removed the old guard from key positions in government and brought in a number of technocrats belonging to the Catholic lay organisation, Opus Dei. They threw out autarchy and set up a framework for integration in the international economy.[47] The Stabilisation Plan introduced by Minister of Commerce, Ullastres, on 20 July 1959, raised interest rates and devalued the peseta, encouraged exports and opened the way for foreign investment. IMF credit flowed in and the number of tourists doubled in two years to 6 millions in 1960. The immediate impact on the domestic economy was deflationary. Salaries were frozen, consumption reduced and unemployment increased. The Opus Dei ministers' response was to encourage emigration. This not only removed possible sources of discontent: it was also an easy way to get foreign currency as the workers remitted money to their families. The Spanish economist García Fernández criticised in 1965 the excessive emigration but noted that it had been a conscious option for government — 'un eficaz medio de financiación de nuestro desarrollo económico al contribuir a equilibrar nuestra balanza de pagos.'[48] Banco de Bilbao statistics showed that money sent by emigrants increased from 57.7 million dollars in 1960 to 193.2 millions in 1963, which represented 10% of the value of imported goods for that year.[49]

Campos de Níjar shows the desperate desire to escape from rural poverty that was to enable the Opus Dei ministers to carry out their successful export of labour. Its realism is supported by the 1972 study of the sociologist Miguel Siguán Soler. Soler studies six towns in eastern Andalusia, including Castrillo on the edge of the *campos de*

[46] J.P. Fusí, 'La década desarrollista (1959-1969)', *Historia de España*, XXV, 13 (February 1983), 25-28. Fusí concludes 'Emigrando a las ciudades o a Europa aún en condiciones precarias, los campesinos españoles votaban por su integración en un sistema que les ofrecía horizontes de bienestar y movilidad social inalcanzables en la España rural', 27.

[47] R. Carr and J.P. Fusí, *Spain: Dictatorship to Democracy* (London: Allen and Unwin, 1979), 47-55.

[48] J. García Fernández, *La emigración exterior de España* (Barcelona, 1965), 300.

[49] J. García Fernández, 301.

Níjar. He describes some of the worst erosion in Europe, the primitive life on the farms and the extraordinary number of prickly pear cacti. Only one fifth of the land is cultivated. Big landowners have left for a more comfortable life in the city. 40% of the land is divided into small or very small farms whose owners have not the money to invest in irrigation. There is little mechanisation: the single tractor of 1957 became two in 1962. The average work for a man in Castrillo is three months a year, so that families of small cultivators rely on the men working for four months a year in France or on money from more permanent emigration. Of the 6 towns he studied, Castrillo had the worst situation. By 1965 120 families were living in France, Germany and Switzerland and 40 girls were in domestic service in Almería. He notes a very gradual change in attitudes. Emigration led to higher labour costs and mechanisation. Workers who did not emigrate benefited from an increase in wages and in their bargaining power — 'Este año se lo he dicho claro al amo: o me paga 200 pesetas o me voy a Mollet' and 'Ahora ya no hay que estar siempre con la gorra en la mano.'[50]

It might be expected that the large sums remitted from abroad would lead to an increase in land investment. Following a historic pattern in which wealth from South America was sent northwards and landowners invested in other regions offering a higher return, the banks harvested southern savings and transferred them to Madrid, Asturias, the Basque Country and Catalonia. John Naylon in his study of the area points out that the myth of the fatalistic Andalusian is a product of repeated lessons in not expecting any benefits from central government.[51] The deadly cycle is clear if we imagine a *nijareño* working in a factory in Dusseldorf sending money to the Caja de Ahorros in Níjar. This money is sent to Barcelona and reinvested in factories where other Andalusians will work to provide profits for Catalan or foreign factory owners. They were part of the great mass of rural poor who flooded to industrial Europe in the 50s and 60s: 'Andaluces go wherever there is abundant work requiring little skill; their function is to supply cheap labour for the economic development of Spain and other European countries.'[52]

Costa del Sol tourism, emigration and the expansion of the Spanish economy into the tenth most powerful in the world have brought a

[50] M. Siguán Soler, 158.

[51] J. Naylon, 13-15.

[52] J. Naylon, 22.

higher standard of living to the south of Spain. The country is no longer agrarian. Many arid regions of Almería have been transformed by the use of plastic greenhouses and advanced irrigation techniques imported from Israel in the mid 60s. The annual production of 500 million kilos of tomatoes, 50 million kilos of green beans ... is sold at good prices 'out of season' throughout Europe. Today's visitor to Níjar will see tomatoes in greenhouses and polyethylene tunnels protecting row upon row of watermelons. The province is now high in the income per capita league; there is less unemployment than in the rest of Andalusia. Competition remains sharp with the Canary Islands and violent with French farmers. Water is still a problem and the high energy cost of road transport threatens price competitivity. The economic infrastructure awaits improvement with 'vías fundamentales como la de la costa, con largos tramos aptos sólo para suicidas'.[53] Although undoubtedly *nijareños* have benefited from this and tourist economic development like most Spaniards, they continue to suffer from world recession and a 17% rate of unemployment which is the highest in Europe.[54]

Previous booms have come to an end and left Almería in an impoverished state. Goytisolo pointed to the abandoned mines as symbols of previous prosperity. Economic historians have since described how during the 1830s the south east was one of the wealthiest regions in Spain. Industrial expansion meant high wages which attracted 20,000 workers to the lead mines of the mountains of Gádor, Almagrera and Cartagena. Although Spain was to remain the world's main exporter of lead from 1860 to 1898, profits were never reinvested. Mining and smelting failed to provide the basis for a general economic take-off because they were organised on a primitive, speculative basis. The foreign companies who constructed Spain's railways were not interested in forming a national market by bringing together industrial producers and the consuming public.[55] In 1959 Goytisolo saw signs of activity only in the prestige gold mine of Rodalquilar where twenty tons of stone had to be moved to find a gramme of gold, and in a few old mines. The rest were abandoned

[53] 'Almería, en el invernadero', *Cambio 16*, 3 November 1980, 58-67 and 'Almería, Huerta de Europa', *Diario 16*, 29 October 1983, 29-35.

[54] 'A la cabeza del paro en Europa', *Cambio 16*, 13 June 1983, 51.

[55] J. Harrison, *An Economic History of Modern Spain* (Manchester: University Press, 1978), 54-55; and J. Nadal, 'Industrialización y desindustrialización del sureste español, 1817-1913', *Moneda y Crédito*, 120 (1972), 3-80.

shafts and company ghost towns.[56]

The apparent resignation which Goytisolo recorded was soon to vanish in a mass exodus to colder and greyer climates. By the end of the decade industrial production fell in Western Europe and from 1973-76 nearly 200,000 emigrants returned.[57] In Andalusia they returned to an area which still had the highest unemployment figures in Spain. No government can honestly claim that they have been unenthusiastic in their search for work or that the horticultural revolution in Almería is a permanent solution to the economic instability of their lives.

THE PRESENT EDITION

Goytisolo did not preserve the manuscript of *Campos de Níjar*. There have been five editions published by Seix Barral in 1959 (A), 1961 (B), 1963 (C), 1973 (D), 1975 (E), 1983 (F), and one by Aguilar in the first volume of the *Obras completas*, 1978 (G). This edition is based on the second edition (B), in which the author made several changes mainly to create dialogue which more accurately reproduced the southern accent. These are recorded in the footnotes to the text. The front cover has been frequently changed. The first edition had the standard purple cover which went with *Biblioteca Breve* series. C carried a photo of an impoverished girl holding a tin, thus reinforcing the emphasis on social realism. D's small prickly cactus against a pale yellow background has given way to F's dramatic stylised *pita* against a hillside and Arab houses with a large red sun in a yellow sky. The present edition includes the map and photos by Vicente Aranda which are in all editions except G. F does not have the map. Accentuation has been modernised and various printing errors have been corrected. There is a glossary of words used to describe the rural landscape and work of Almería: most are not part of the common currency of the increasingly urban Spaniard. Goytisolo was careful to use the correct word to describe the dry-stone walls and thus capture the rich precision of rural vocabulary. Asterisks in the text indicate words listed in the glossary.

[56] In 1950 a group of students at a student work camp in Rodalquilar organised by the verticalist students' union, SEU, grappled with that problem. The contingent included the economist-to-be Ramón Tamames; P. Lizcano, *La generación del 56* (Barcelona: Grijalbo, 1981), 103.

[57] J. Harrison, 151.

CONCLUSION

Campos de Níjar captures the reality of rural life in Almería in 1959 on the eve of major socio-economic changes in Spain. The originality of the work stems from the author's record of his own confused feelings once transported from the centre of Barcelona to the subsistence economy of a dying region. This personal disturbance gives an authentic tone to his account. The reader has sympathy for that honesty and is thus predisposed to accept what he reads. Goytisolo shows how family life, old age, work are all reduced to quasi-slavery in the area. His enjoyment of the beauties of the landscape which is partly responsible for the hardship brings no solace to anyone. There is a strong feeling of angry protest against the régime and its complacent language. In contrast, Goytisolo's use of language is precise and poetic in its imagery and choice of words. His realistic description and feeling of futility are not aimed at creating a mood of negative pessimism. He wished to upset his readership, to force them to question their own security, and think about the reasons for industrial decline and emigration. In that sense, *Campos de Níjar* is a travel book which calls for economic and historical research and for the rejection of simple explanations based on regional or national stereotypes. Such studies or ideas did not abound in Spanish universities. Moral self-questioning and interest in the south are carried through in subsequent work. Goytisolo has become increasingly attracted to North Africa and Arabic culture and a more intellectualised form of writing. However, his writing is still inspired by angry reactions to social oppression. In the opening pages of *Makbara* (Barcelona: Seix Barral, 1980) he ironically catalogues the racist insults that are hurled at an Arab beggar. He is vilified as a threat to society by Parisians surrounded by the pornographic cinemas of Pigalle. His most recent work *Paisajes después de la batalla* (Barcelona: Montesinos, 1982) satirises the horror of Parisians as the nightmare comes true and 'their' city is taken over by Arab immigrants. Arturo of *Fiestas* and don Ambrosio of *Campos de Níjar* are essentially no more purely Spanish than are the shanty towns around Barcelona or the miners of Rodalquilar. Goytisolo had by 1959 begun to challenge the language of stereotypes and its accompanying sense of inherent superiority.

SELECT BIBLIOGRAPHY

Butt, J., *Writers and Politics in Modern Spain* (London: Hodder and Stoughton, 1978).

Cambio 16, 'Almería, en el invernadero', 3 November 1980, 58-67.

Carr, R. and Fusí, J.P., *Spain: Dictatorship to Democracy* (London: Allen and Unwin, 1979).

Epton, N., 'Almería' and 'The Villages of Almería Province', *Andalusia* (London: Weidenfeld and Nicolson, 1968), 160-175 and 176-188.

Gil Casado, P., *La novela social en España* (Barcelona: Seix Barral, 1968).

Goytisolo, J., *Fiestas* (Barcelona: Destino, 1958).

———., *La Chanca* (Paris: Librería Española, 1962).

———., 'Tierras del Sur', *El furgón de cola* (Barcelona: Seix Barral, 1967), 273-293.

———., 'Julio Ortega: entrevistas a Juan Goytisolo', *Disidencias* (Barcelona: Seix Barral, 1977), 289-325.

———., 'Cronología', *Disidencias* (Barcelona: Seix Barral, 1977), 327-346.

Harrison, J., *An Economic History of Modern Spain* (Manchester: University Press, 1978).

Levine, L.G., *Juan Goytisolo: la destrucción creadora* (Mexico: Mortiz, 1976).

Nadal, J., 'Industrialización y desindustrialización del sureste español, 1817-1913', *Moneda y Crédito*, 120 (1972), 3-80.

———., 'The failure of the industrial revolution in Spain, 1830-1914', in C.M. Cipolla ed., *The Fontana Economic History of Europe* (London: Fontana, 1973), vol.4, 532-626.

Naylon, J., *Andalusia* (Oxford: University Press, 1975).

Siguán Soler, M., *El medio rural en Andalucía Oriental* (Barcelona: Ariel, 1972).

Ugarte, M., *Trilogy of Treason: An Intertextual Study of Juan Goytisolo* (Columbia and London: University of Missouri Press, 1982).

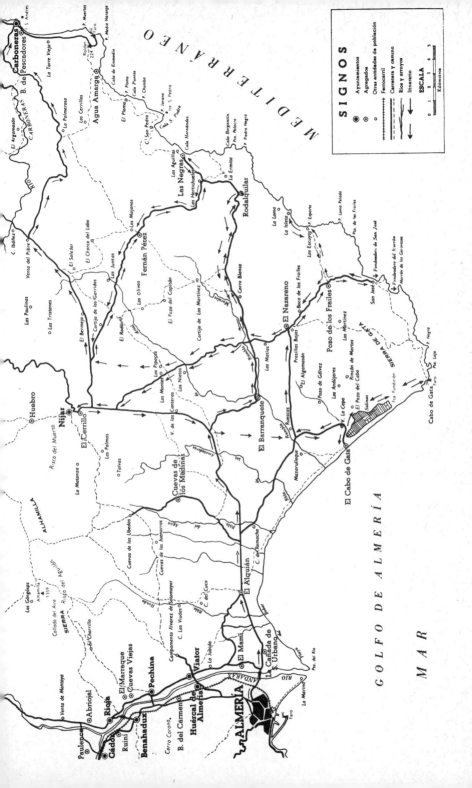

I

RECUERDO MUY BIEN la profunda impresión de violencia y pobreza que me produjo Almería, viniendo por la nacional 340[1], la primera vez que la visité, hace ya algunos años. Había dejado atrás Puerto Lumbreras—con los tenderetes del mercado en medio de la rambla —y el valle del Almanzora,[2] Huercal Overa, Vera, Cuevas, Los Gallardos. Desde un recodo de la cuneta* había contemplado las increíbles casas de Sorbas suspendidas sobre el abismo. Después, cociéndose al sol, las sierras ásperas, cinceladas a golpe de martillo, de la zona de Tabernas, corroídas por la erosión[3] y como lunares. La carretera serpentea entre horcajos* y barrancos, bordeando el cauce de un río seco. En vano había buscado la sombra de un arbusto, la huella de un miserable agave.* En aquel universo exclusivamente mineral la calina inventaba espirales de celofán finísimo. Guardo clara memoria de mi primer descenso hacia Rioja y Benahadux: del verdor de los naranjos, la cresta empenachada de las palmeras, el agua aprovechada hasta la avaricia. Me había parecido entonces que allí la tierra se humanizaba un poco y, hasta mucho después, no advertí que me engañaba. Anunciada por un rosario de cuevas horadadas en el flanco de la montaña—"capital del esparto, mocos y legañas",[4] como dicen irónicamente los habitantes de las provincias vecinas—, Almería se extiende al pie de una asolada paramera cuyos pliegues imitan, desde lejos, el oleaje de un mar petrificado y albarizo.

Cuando fui la última vez, la ciudad me era ya familiar y apenas paré en ella el tiempo preciso para informarme del horario de los autocares. Conocía el panorama de la Alcazaba sobre el barrio de la Chanca:[5] sus moradores encalan púdicamente la entrada de las cuevas y, vistos desde arriba, los techos de las chabolas se alinean como fichas de dominó, azules, ocres, rosas, amarillos y blancos. También había trepado al cerro de San Cristóbal para atalayar el puerto desde las gradas del Vía Crucis:[6] una patulea de arrapiezos juega y se ensucia entre los pasos y el aliento de la ciudad sube hasta uno como el jadeo de un animal cansado. Almería carece de vida nocturna y, en mis estancias anteriores, haciendo de tripas corazón,[7] había recorrido temprano sus calles. Me apresuraré a decir que no lo lamento en absoluto. El espectáculo merece el sacrificio: el mercado de Puerta Purchena, con sus gitanos y charlatanes, obsequiosos y vocingleros;

los somnolientos coches de punto[8] a la espera de cliente; los emigrados marroquíes meditando a la sombra de los ficus,* valen cumplidamente el viaje. Almería es ciudad única, medio insular, medio africana. A través de sus hombres y mujeres que fueron a buscar trabajo y pan a Cataluña—y a realizar los trabajos más duros, dicho sea de paso—, la quería sin conocerla aún. La patria chica[9] puede ser elegida: desde que la conozco, salvando centenares de kilómetros, le rindo visita todos los años.

En los mismos suburbios de la ciudad, camino de Murcia, torciendo a la derecha de la nacional 340, una carretera comarcal[10] une Almería con las zonas montañosas y desérticas de Níjar y Sierra de Gata. Otras veces, durante mis breves incursiones por el corazón de la provincia, había prometido recorrer con alguna calma este olvidado rincón de nuestro suelo, rincón que sonaba familiarmente en mis oídos gracias a la aburrida lista de cabos importantes aprendida en el colegio bajo el imperio de la regla y el temor de los castigos:

"Sacratif, en Granada.
Gata, en Almería.
Palos, en Murcia.
La Nao, San Antonio y San Martín, en Alicante..."

Cuando llegué a la central de autobuses, el coche acababa de irse. Como faltaban dos horas para el próximo, dejé el equipaje en consigna y salí a cantonear. Las calles bullían de regatones, feriantes, vendedores de helados que solfeaban a gritos la mercancía. Otros, más modestos, aguardaban al cliente en la acera, con sus cestos de cañaduz* e higos chumbos.* Lucía el sol y las mujeres escobazaban delante de las casas. El cielo empañado, sin nubes, anunciaba un día caluroso.

Después del invierno gris del Norte, me sentía bien en medio de aquel bullicio. Recuerdo que, al cruzar el puente, pasaron dos simones con muchachas ataviadas de típica señorita española. Conscientes de la curiosidad que promovían, se esforzaban en encarnar dignamente las virtudes características de la raza: garbo, empaque, gracia, donosura.[11] Un hombre las piropeó con voz ronca. Luego desfilaron otros coches de punto con caballeros en levita, militares, un niño con tirabuzones, un cura. Alguien dijo que celebraban un bautizo.

Los curiosos prosiguieron su camino y entré en un bar tras dos hombres que se habían asomado a mirar. No se me despintan de la memoria, negros, cenceños, con sus chalecos oscuros, sombreros de ala vuelta hacia arriba y camisas abotonadas hasta el cuello. Parecían dos pajarracos montaraces y hablaban mascujando las palabras.

—¡Qué mujeres!

—España es el mejó país del mundo.

—No tendrá el adelanto de otras naciones, pero pá vivir...

—Caray, que no lo cambiaba yo por ninguno.

Al reparar en el brillo anormal de sus ojos comprendí que andaban bebidos. El dueño me trajo un café y se acercaron a pegar la hebra. Querían saber quién era, de dónde venía, qué hacía por allí. Aunque les contestaba con monosílabos, me invitaron a chatear.[12]

—No puedo—dije. Y miré el reloj.

—¿No?

—Mi autobús sale dentro de unos minutos.

El tiempo había pasado sin darme cuenta y continué hacia la carretera de Murcia por el camino de la estación.

II

TRES AUTOBUSES DIARIOS cubren los nueve kilómetros de trayecto
Almería-El Alquián. La carretera está alquitranada hasta Níjar y, a la
salida de la ciudad, una bifurcación paralela a la nacional 340 lleva a
los baños de Sierra Alhamilla,[13] en cuyo balneario, actualmente
derruído, acostumbraban a reposar sus fatigas los ricos ociosos de la
capital. El autocar toma el camino de Níjar dejando atrás las últimas
casuchas del suburbio almeriense. Mi vecino es hombre de una
cuarentena de años, moreno y enjuto. Cuando le ofrezco de fumar me
pregunta si soy extranjero. Le respondo que soy de Barcelona y
pronuncia unas palabras en catalán.
—He trabajao allí casi diez años—dice—. En Hospitalet,
Barcelona, Tarrasa...[14] Aquello sí que es vía. Ojalá que nunca me
hubiera marchao.
A la mujer no le sentaba bien el clima y cometió la estupidez de
volver. Ahora, con cuatro hijos y otro en camino, no puede tentar la
suerte como antes.
—Aquí una se hace viejo en seguía, y luego, la familia que le
amarra...
Mientras se desahoga contra el destino, contemplo el paisaje por la
ventanilla. Una llanura ocre se extiende hasta el golfo de Almería,
salpicada de tanto en tanto por el verde de alguna higuera. El suelo
está agrietado y lleno de cantizales.* El mar cabrillea a lo lejos.
—Fíjese usté.
Mi vecino enseña una huerta cercada con bardas. Dentro, alineados
en caballones y encañados cuidadosamente, hay bancales de judías,
tomates, berenjenas, pimientos.
—Son magníficos, ¿no?
Digo que sí, que son magníficos.
—Pá sacá algo de esta tierra se necesita tené la cartera bien forrá. El
suelo es pedregoso y hay que traerlo tó, el agua, el abono, la arena...
—¿Arena?
—Pá guardá el caló. Las verduras crecen más aprisa y llegan al
mercao antes que d'ordinario. Es un método de las Canarias que
aplican por la parte de la Rápita.[15] Aquí, cuando lo empleó el amo del
tempraná,[16] tól mundo decía que se iba a cogé los deos, pero el tío se
embolsilló arriba de los cincuenta mil duros a la primera cosecha.

El paisaje es una auténtica solana.* Numerosas ramblas* atraviesan el llano hacia el mar. El autobus baja y sube por los badenes.*
—¿Ve aquel cercao?
Mi vecino señala un muro de dos metros de altura, cuadrado como el de un cementerio. El sol reverbera sobre la pared enjalbegada y una cabra con las ubres hinchadas mordisquea las palas de una chumbera*.
—Es una huerta experimentá. La acabaron hace un par de meses.
La novedad, dice, radica en el sistema de irrigación. Bajo el suelo del tempranal hay una cisterna cubierta por una rejilla metálica. Encima, dos palmos de tierra abonada y una capa de arena. Así se evita la evaporación, intensísima en aquella zona. A través de la rejilla metálica la planta hunde sus raíces en el agua.

Entramos en El Alquián. Su aspecto me recuerda, sin saber por qué, el de algunos caseríos del delta del Ebro. La arquitectura es caótica y el autocar sufre el asalto de una nube de niños. Me despido del hombre y, bajo la solina,* continúo a pie, por la acera. Las mujeres cominean[17] a la sombra de los portales y unos mozos se divierten enseñando la instrucción al bobo del pueblo. Es un hombrecillo barbudo, de labios caídos y orejas en forma de asa. Su mosquetón es una vara de fresno* y, al obedecer las voces de mando de los jayanes, gesticula y saca la lengua.

La carretera está, por fortuna, arbolada. A la salida de El Alquián, en medio de un bosque[18] de eucaliptos, se alza la mole inacabada de la Escuela Sindical para Hijos de Pescadores. A mi regreso a Almería el chófer del autobús me explicó que está así desde hace más de diez años. Los créditos se agotaron a mitad de la obra y el viajero puede mirar el paisaje a través de la andana de huecos del edificio.

Un centenar de metros más lejos, los cortijos comienzan a espaciarse. A las huertas embardadas* suceden los alijares* y las ramblas arenosas y desérticas. La vegetación se reduce a su expresión más mínima: chumberas, pitas,* algún que otro olivo retorcido y enano. A la derecha, la llanura se extiende hasta los médanos* del golfo, difuminada por la calina. Los atajos rastrean el pedregal* y se pierden entre las zarzas y matorrales, chamuscados* y espinosos. Las nubes coronan las sierras del Cabo de Gata. En el horizonte, el mar es sólo una franja de plomo derretido.

A la izquierda, las cordilleras parecen de cartón. Un camino sinuoso repecha a los poblados de Cuevas de los Úbedas y Cuevas de los Medinas. Antiguos centros mineros, sobrevivientes de la gran crisis de principios de siglo, se incrustan en el flanco de la montaña como dos nidos de buitre.[19] Allí, los camiones acarrean el mineral hasta Almería, donde es embarcado, para su fundición, hacia los puertos de Alemania, Francia o Inglaterra.

Siguiendo la carretera de Níjar hay unas fincas del Patrimonio Forestal del Estado,[20] con pitas y henequénes.* Sembrados en liño sobre inmensas hazas* de tierra ocre, rebasan apenas el palmo de altura. El sol los reseca hasta agostarlos. Desde el eucalipto bajo el que los contemplo parecen estrellas de mar, tentaculares y retorcidas.

El Instituto Nacional de Colonización ha dado gran impulso a su cultivo:[21] sus hojas, como las pencas[22] de las chumberas, se emplean en la fabricación de fibras textiles.

Junto al henequén y el nopal,* el viajero encuentra otra planta adaptada, como ellos, a la falta de agua: el guayule.* Pequeño, de un verde descolorido, se alinea hasta desaparecer, entre las lomas y amelgas* del arado, prisionero de un ondulado mar de arcilla. Con vistas a la obtención de caucho, el Instituto inició hace tiempo su cultivo en el triángulo Níjar-Rodalquilar-Gata. A juzgar por la opinión de quienes he interrogado, no parece que, hasta ahora, el éxito haya recompensado sus esfuerzos.

Los eucaliptos de la carretera se espacian peligrosamente, pero, antes de entrar de lleno en el solejar,* un camión se detiene a mis señales. El chófer me pregunta adónde voy y le respondo de igual manera.

—A Rodalquilá—dice, después de una pausa.

—Bueno. Iré con usted.

El hombre me invita a sentar a su lado y el camión arranca con estrépito. Yo celebro en silencio mi buena estrella, pues el autostop, en la región, cada día se hace más raro. Fuera[23] de los escasos coches de turismo extranjero, ni los automovilistas ni los camioneros—antes, proverbialmente acogedores—quieren pararse. La guardia civil da el alto cada vez que descubre a un polizón e impone multas de cinco y diez duros por infringir las leyes del tráfico.[24]

El chófer que me ha cogido es joven y acepta el cigarrillo que le tiendo. Me explica que la víspera, al terminar la jornada, aceptó un servicio en Motril y no ha pegado un ojo en toda la noche.

—Tengo mieo de dormirme, si ando solo. Asín, hablando con usté, me distraigo.

También él me pregunta de dónde vengo, y al pronunciar el nombre de Barcelona se humedece los labios con la lengua. Cataluña es el paraíso soñado por todos los hombres y mujeres de Almería, una especie de legendario y remoto Eldorado. Mi compañero se interesa

Pitas con hojas cortadas para el aprovechamiento de las fibras

"...lavan la ropa en
la fuente, a la sombra
de los eucaliptos..."

por las condiciones de alojamiento y trabajo y nombra media docena de amigos residentes en Barcelona, con la esperanza de que sepa de alguno.

—¿Y Paco González, uno con una cicatriz? Descargaba carbón en el puerto.

Digo que no, que no he tenido ocasión de conocer a Paco González y parece decepcionado.

—Se ha casao con una catalana. Si quiere pueo darle sus señas. Dígale que viene de parte del Sanlúcar.[25] Se llevará un alegrón.

Cruzamos una serranía desierta. La carretera serpentea a trechos, pero está bien peraltada. En mitad de la paramera, los muros derruídos de una casucha recogen—y es un aldabonazo en todas las conciencias—la dramática invocación del paisaje: MAS ARBOLES, MAS AGUA. Consigna, asimismo, del Instituto Nacional de Colonización, la veré escrita, a lo largo de trochas y caminos, en pajares, casas, barracones y balates. Los árboles que atraerán la lluvia necesitan, para crecer, el concurso del agua. En Almería no hay arbolado porque no llueve y no llueve porque no hay arbolado. Sólo el esfuerzo tenaz de ingenieros y técnicos y la generosa aportación de capitales podrán romper un día el círculo vicioso y ofrendar a esa tierra desmerecida un futuro con agua y con árboles.

El camión abandona la carretera alquitranada de Níjar y se interna por la de Rodalquilar: guayules, henequenes, chumbares* y, también, pequeños retales de cebada* mustia y amarillenta. Aprieta el calor y el Sanlúcar cabecea sobre el volante.

—Trabajo pá dos empresas distintas, sabe usté...

—¿Cuándo descansa?

—A ratos perdíos. Y cuando hay fiesta. Mi novia casi no me ve. El otro domingo me pasé la tarde roncando.

Atravesamos unos campos de avena* entreverados de amapolas y de unas florecitas amarillas que llaman aquí vinagreras.* El camión sube la cuesta renqueando y, de improviso, divisamos dos poblados morunos,[26] separados por un río seco. El más cercano a nosotros se llama Rambla Morales. Atado a la puerta del estanco, un cerdo hoza la tierra del borde de la carretera. Bajamos el badén y el Sanlúcar frena al llegar a la Rambla. Un grupo de mujeres, ataviadas como las mojaqueras,[27] lavan la ropa en la fuente, a la sombra de los eucaliptos.[28] Mi compañero se acerca a una y le entrega una carta.

Yo me he apeado también y, desde el arenal, contemplo el segundo poblado. Las casas de El Barranquete son rectangulares, con ventanucos cuadrados y cúpulas. De lejos recuerdan las caperuzas de los *trulli* de la campiña de Ostuni y Martina-Franca en el sur de Italia,[29] pero aquí los casquetes son únicos. Entre las pitas y nopales, los muros enjalbegados reverberan al sol. Unos niños medio desnudos juegan con la arena y al badén se asoma una chiquilla montada sobre un asno. Sanlúcar ha regresado al camión, se detiene a mi lado y mira las casas blancas del pueblucho.

—Parece África, ¿verdá?[30]—dice leyéndome el pensamiento.

Subimos a la cabina y, sin añadir palabra, pone en marcha el motor. El sol que se encarniza sobre nosotros no favorece el cambio de impresiones y siento deseos de tumbarme a la fresca y descabezar un sueñecillo. El camión trepa el repecho con dificultad. Las alas del radiador humean. La tierra es de color ocre tirando a rojo. Un peón caminero[31] quita la arena de una tajea* y el Sanlúcar saca la cabeza por la ventanilla y le hace adiós con la mano.

—Es el Tigre, un pedazo de pan. Le gusta demasiao empiná el codo[32] y ahí lo tié usté, penando de sol a sol[33] por quince pesetas.

Yo observo que la carretera está en buen estado, allanada, con su chispo de peralte* en las curvas. Las pitas alternan con los nopales. Sobre las albarradas,* en los muros de las casuchas en ruinas, se repiten las inscripciones en pintura y alquitrán que me acompañan desde Almería,

FRANCO

FRANCO

FRANCO

Como permanezco silencioso, el Sanlúcar se apresura a informarme que Su Excelencia el Jefe del Estado visitó la mina de oro de Rodalquilar durante su triunfal recorrido[34] por la provincia.

—¿La mina de oro?

—Ya la verá usté si nos dejan pasá. Es la única que hay en España.

Los cortijos se suceden con sus aljibes. En el campo de Níjar los pozos tienen la espadaña cubierta por una especie de casquete esférico blanco y ventanado. Una mujer saca agua de uno y corre el cerrojo de la puerta.

El camión deja atrás Los Nietos y Albaricoques. Son caseríos de una docena de casuchas, agrestes y solitarios. Veo cabras, gallinas, borricos, cerdos. Las tierras, ahora, son casi rojas. La cebada medra fácilmente en ellas y el paisaje se enriquece de nuevos tonos: verdehiguera y verdealmendro, rucio, albazano.[35]

De pronto, el Sanlúcar me da un tirón de la manga y ordena:

—Agáchese.   ~get down~

Obedezco sin comprender bien qué ocurre, con la cabeza junto al cambio de marchas y la vista fija en las cintas de color de sus esparteñas. Al cabo de una treintena de segundos me hace señal de incorporarme.

—¿Qué pasa?

—Los civiles.[36] Creo que no le han visto.

Arriesgo una mirada por el ventanillo de detrás y los veo, en efecto, cada vez más chicos, envueltos en una nube de polvo, con los tricornios charolados y el mosquetón en bandolera.

El incidente ha puesto de buen humor al Sanlúcar y sonrié y se frota las manos.

—Ya estamos cerca de la mina. Si el portero de turno es un lucaineno[37] que conozco nos dejará entrá. Si no, tendremos que dá la vuelta.

Me explica que para ir a Rodalquilar hay dos carreteras: una, propiedad de la ADARO,[38] la compañía explotadora de la mina, y otra, comarcal, que es la que emplean los autocares que van al pueblo. Pregunto cuál es mejor.

—La de la mina—dice—. ¡Vaya diferencia!   ~dirt track~

El camión se adentra por un alfoz.* Cruzamos un turismo de gran lujo y el Sanlúcar maniobra para esquivarlo. Las montañas multiplican el eco de las bocinas. El sol no llega hasta nosotros y lo veo brillar en lo alto, entre los riscales.

Poco después la carretera se desdobla y tomamos la de la ADARO. El poste de una barrera intercepta el camino como en un puesto fronterizo o paso a nivel. Un hombre rubio, con camisa de cuadros, sale de la garita de vigilancia. Frenamos.

—Salú. Buenos días.

El lucaineno se encarama al estribo y estrecha la mano del Sanlúcar. Durante unos momentos permanecen quietos, mirándose.

—Ya ves. Trabajando.

—Nosotros trabajando siempre.

—Es la vía.

—Sí, la vía.

Mi compañero le pregunta por su cuñado. El lucaineno responde que va mejor.

—¿Le indemnizaron?

—Dicen que el mes que viene.

El lucaineno tiene la cara grande, ruda y los ojos azules, muy claros. Nos despide con el brazo y levanta el poste de la barrera.

—Adiós, hasta otra—grita el Sanlúcar.

La carretera se desboca cuesta abajo. Es una pista ancha, apisonada con esmero, por donde tres camiones pueden pasar cómodamente sin rozarse. El viajero tiene la impresión de recorrer una zona desértica, como las que se ven en las películas de vaqueros del oeste americano. En la linde del camino alguien ha escrito sobre una peña: A HOLIVUD DOS QUILOMETROS.[39] Un camión sube a buena marcha levantando nubes de polvo. El silencio es agobiante. Contemplo las sierras pardas, desnudas. Aquí y allá unas manchas amarillentas señalan las bocas de la mina. En el valle hay casuchas en ruinas y un depósito circular abandonado.

La carretera se ciñe al borde del barranco y, a la vuelta de una curva, se asoma sobre los lavaderos de la empresa y el pueblo de Rodalquilar. Escalonados en la pendiente de la montaña varios depósitos brillan al sol, intensamente rojos. Allí se decanta y lava el cuarzo aurífero que los camiones acarrean en la mina, antes de pasar a los secaderos. Al pie de los estanques la ganga* ha invadido el valle y forma un extenso lodazal resquebrajado y amarillo.[40] Rodalquilar queda a la derecha, confortablemente asentado en el llano.

Es un pueblo pequeño, asimétrico y, en apariencia, sin centro de gravedad. Las calles no están urbanizadas y el camión avanza por ellas dando tumbos. Las casas son chatas, feas. El Sanlúcar frena a la puerta de una y dice:

—Bueno. Ya hemos llegao.

Debe ser alrededor de las dos y el estómago empieza a cosquillearme. Invito al Sanlúcar a la fonda, pero no acepta.

—No, vaya usté. Yo tengo faena. Si acaso, luego me descolgaré a tomá un chatico.

Yo le doy las gracias por su hospitalidad.

—La fonda la encontrará al otro lao del arroyo. Allá donde vea unos eucaliptos.

El pueblo está desierto a causa del sol. La iglesia, la escuela y la casa cuartel de los civiles son edificios de construcción reciente, pobres y sin carácter. Atravieso un arroyo seco y, en la otra orilla, doy en seguida con la fonda.

Viniendo de fuera, la retina se adapta con dificultad a la penumbra. Puertas y ventanas tienen las persianas corridas y, a cubierto del sol, la temperatura es agradable.

Rodalquilar

Henequenes

El recién llegado se sienta[41] a un extremo de la mesa familiar y da los buenos días a los comensales, tres hombres vestidos de azul mahón y dos muchachas de buen ver, algo entradillas en carne,[42] que parecen forasteras. Hay intercambio de saludos y el mozo se asoma a tomar los encargos.

Mientras pone el cubierto me entretengo mirando el comedor: es una habitación grande, destartalada, con las paredes desconchadas y desnudas y suelo de mosaico que pandea. Luego, el chico sirve el café a las señoritas y uno de los hombres amaga quitárselo de las manos. Las muchachas ríen y su risa me pone de buen humor. A la más bajita se le forman dos hoyuelos en la cara y sus ojos brillan con inocente malicia. La otra tiene la piel más blanca y lleva el pelo recogido en moño. Parece una fallera de Valencia.[43]

El mozo trae un plato de bacalao con garbanzos y medio litro de vino. A diferencia del gaditano o malagueño, el almeriense es poco aficionado a la bebida. La culpa se la echo yo a los caldos del país, por lo general muy medianejos.[†44] El que bebo ahora—vinagrón y algo repuntado—difiere apenas del desbravado y zurraposo de Garrucha. Sin poderlo evitar, me acuerdo con nostalgia del tinto de Jumilla, que se encuentra a cien kilómetros al norte—ligero, seco y deliciosamente áspero.

—Adiós. Buen provecho.

Las muchachas se levantan y caminan hacia la puerta. Vestidas a la moda de la ciudad, me pregunto si habrán venido al pueblo como yo, de visita, o serán familiares de algún ingeniero. Mi vecino—uno de los tres hombres de azul mahón—ha seguido la dirección de mi mirada y me saca de dudas.

—Son las maestras.

Yo quiero saber cuánto tiempo hace que están en Rodalquilar, y si tienen familia...

—¿No las ha visto comé? Viven solas. Aquí somos tós unos paletos y nadie se atreve a hablarles. Pobres muchachas.

Sus compañeros tercian en la conversación. A las maestras las obligan a pasar una temporada en los pueblos antes de ir a la capital. Las que son ricas se amañan pagando a una sustituta, pero las otras han de enterrarse allí varios años por una verdadera miseria.

—Cuando se dan cuentas son solteronas y ya no encuentran a nadie que las salga.

[†]El clarete de Albuñol, en el límite de la provincia de Granada, constituye una excepción maravillosa.

—Y no se vaya usté a creé que dan el puesto a cualquiera. Pá ganá el título se necesita mucho estudio.

—La más pequeña dijo el otro día que estuvo bregando seis años... El mozo me sirve un par de huevos fritos anegados en aceite. Los hombres están ahora en el café. Mi vecino lo sorbe lentamente y dice: —¿Es usté corredó de tejíos?[45]—. Sin darme tiempo de contestar, añade:—Perdonará la indiscreción, pero me han dicho que esta mañana vino uno desde Almería.

—No, no soy yo.

—Pero es usté forastero, ¿verdá?

—Sí.

—Por eso. Yo no le tenía nunca visto. Aquí, los cuatro gatos que somos nos conocemos tós la cara...

El más joven del grupo lleva la boina hacia atrás y se acaricia la mecha de pelo que le cae por la frente.

—¿Ha venío usté en el autocá?[46]

—No, en un camión.

—Pues ha tenío usté suerte. No tól mundo se arriesga. Con las multas...

Digo que sí, que he tenido suerte y, olvidándose de mí, los tres hombres intercambian confidencias en voz baja: la silicosis[47] de Edelberto, el trabajo en la mina, lo ocurrido con Emiliano. El mozo me sirve el café, pasa el tiempo y les oigo hablar todavía de Cándido, de José, de Vitorino...

—Y nosotros, aún, no poemos quejarnos.

—No, no poemos.

—Porque los suplentes...

—Porque los picapedreros...

Yo paladeo el líquido amargo de la taza mientras ellos prosiguen con sus susurros. De vez en cuando se interrumpen y los ojos les brillan. El de la boina murmura algo a la oreja de mi vecino.

—Ese día...

—Ah, ese día...

Luego se levantan y pagan la cuenta al pequeño. Al salir, se despiden con una inclinación de cabeza. El de la boina me alarga la mano.

—Adiós. Buen viaje.

Cuando se van, pido también la cuenta. Calculo que debe ser más de las tres y enciendo un cigarillo con la colilla de otro. Miro las sillas vacías de los hombres y las muchachas y me digo que es hora de ponerme otra vez en camino. Alguien empuja la persiana de la puerta, pero no es el Sanlúcar. El chico vuelve de la cocina y dice simplemente:

—Son dieciséis pesetas.

III

FUERA, el sol continúa encampanado en el cenit y me dirijo hacia la comarcal. El pueblo empieza a desperezarse, después del sopor de la siesta. Tropiezo con mujeres, viejos, chiquillos. El cura está de tertulia con los civiles. Un coro de voces infantiles salmodia una oración en la escuela.

—Perdóneme. Es usté catalán?

El que me hace la pregunta es hombre de cuarenta y tantos años, grande, de pelo negro.

—Sí.

—Soy un amigo del Sanlúcar. Me ha dicho que estaba usté en la fonda.

—Acabo de salir.

—Le he visto pasá por delante de la capilla y en seguía he pensao que era usté.

El hombre tiene la risa franca, abierta. Lleva las mangas de la camisa remangadas y cruza los brazos sobre el pecho.

—¿De viaje?

—Sí, señor.

—El Sanlúcar me ha dicho que iba usté a Níjar.

—Hacia allí tenía intención de ir.

—Pues aguarde usté una media horita y le llevamos.

Me señala los lavaderos de oro y dice:

—Los sábaos terminamos antes.

—¿Trabaja usted en la mina?

—En la mina mina, no: para la empresa. Soy chófer de uno de los camiones.

Me lleva por un camino de carro. En lo alto de la curva, a un centenar de metros de nosotros, hay un grupo de hombres sentados al borde de la cuneta.

—Pué ir usté con ellos, en la caja.

—¿Van a Níjar?

—No. La mayor parte son d'Agua Amarga y Fernán Pérez. Pero paramos en Los Pipaces.

—¿Dónde queda?

—Ná... A cuatro kilómetros del pueblo.

Hemos llegado junto a los hombres y nos sentamos en el corro. Son ocho o nueve, sucios y mal afeitados, con las camisas raídas y los pantalones llenos de remiendos. Uno asoma los dedos de los pies por la punta de las alpargatas; otro se ciñe el pantalón con una cuerda. El sol da todavía duro y llevan los sombreros de paja echados sobre la frente. Casi todos tienen morral o talego. Mi vecino va con una tartera* envuelta en un pañuelo granate.

El chófer explica que vengo de Barcelona y siento sus ojillos fijos en mí. Los catalanes somos un poco los americanos de aquellas tierras. En Almería todo el mundo tiene algún conocido o pariente por Badalona o Tarrasa.

—¿Y trabaja usté ahora allí?—pregunta uno.

Digo que sí, para no complicar las cosas.

—Debe de tené usté familia por esta parte, claro.

—No. La dejé en Cataluña.

—No habrá venío usté aquí por gusto, digo yo.

Les explico que tenía diez días libres y me he tomado unas vacaciones.

—¡Anda! ¡Qué idea!—dice el de la cuerda—. ¡Vení aquí desde Barcelona!

Sus camaradas participan también de su asombro y ríen y se tientan como chiquillos.

—Largarse de Barcelona, tú... Con lo a gusto que estaría yo allí.

—Ojalá que estuviera yo en su sitio y usté en el mío...

—Si viviera en Cataluña es que no me asomaría yo por Almería, vamos, ni que me mataran...

Uno de grandes mostachos se humedece los labios con la lengua.

—Yo estuve una vez al acabá la mili[48]—dice—. ¡Qué mujeres!

El hombre quiere contar sus aventuras, pero mi vecino le interrumpe.

—Anda, achántala. Que a ti, ni las monas del parque hacen caso.

—¿Que no me hacen caso, dices?

—Caso, sí señó. Con tu pinta... Si parece que vengas de la selva...

Hago correr mi paquete de Ideales[49] y todos celebran el incidente con risas. Tienen el rostro noble aquellos hombres. Una dignidad que transparenta bajo la barba de dos días y los vestidos miserables y desgarrados.

—Mira. Ya vienen.

Cinco obreros se descuelgan a trancos por la ladera del monte. El chófer se pone de pie y grita:

—¡Hala, arreando!...[50] Me vais a hacé llegá tarde al cine...

—¿Cine, en tu pueblo?

—Han venío unos de Murcia con el portátil.

—¿Y qué película echan?

—Una, no lo sé... Pá mí son iguales toas.

El de los bigotes dice que, antes de la guerra, sí que daban películas.

—En Valencia vi una, aquello era cine... Las de ahora parecen la misma siempre...

El camión está al pie del talud* y trepamos a la caja. Yo me acuclillo en medio, pero el de la cuerda me reserva un hueco a su lado.

—Siéntese aquí. Hace menos viento.

El chófer pone el motor en marcha y el paisaje se desliza a nuestros pies. Vamos apretados como sardinas y, desafiando el polvo y el calor, dos de los recién venidos arrancan a cantar por soleares.[51]

En el camino hay obreros con taleguillos y sombreros de paja. La carretera comarcal está plagada de baches y el camión traquetea. Señalo los hombres al de la cuerda y pregunto cuántos son en la mina.

—Uy, muchos—dice—. A lo menos quinientos.

Cuando el sol se esconde momentáneamente tras los riscales parece que se respira mejor. El vaivén de la caja, unido a la confusión de voces y canciones, arma una endemoniada algarabía. Es preciso entenderse por medio de signos o haciendo bocina en la oreja.

—...¿Qué?

—Que si baja usté en Los Pipaces.

—Sí.

—Aquellos tres del rincón se apean también.

El camión no es viejo como el del Sanlúcar. Al cabo de pocos minutos hemos dejado atrás la concesión de la ADARO y avanzamos por la llanura, a buena marcha. Reconozco los cortijos y campos de cebada de la ida, pero ahora los colores son diferentes.

De pronto, viramos a la derecha. El de la cuerda me explica a gritos que trochamos por Los Nietos en vez de dar la vuelta por la carretera de Níjar. La pista es mala, pero se ahorra un buen cacho de trayecto.

El camión atraviesa un arroyo de piedras. Subimos la cuesta y, arriba, el paisaje es casi lunar. Alberos,* páramos y canchales* se suceden hasta perderse de vista en el horizonte. El suelo está cubierto de esquirlas.* En verano las piedras retienen el calor y cuecen hasta agrietarse. En varios kilómetros a la redonda no se divisa un solo árbol.

—¡Mire!

El de la cuerda me muestra un lagarto de más de medio metro. Está inmóvil en la linde del camino y no parece inquietarse por nuestro paso.

Si paráramos un momento, lo cazaba. La gente de por aquí se los come.

Yo le digo que en algunos pueblos de Cataluña, los payeses los suelen tomar asados.

—Nosotros los guisamos con tomate y una pizca de ajo y perejil. Son sabrosísimos.

La carretera culebrea entre los espolones* de la sierra y el chófer hace sonar el claxon. La ilusión del sábado es contagiosa, la mayor parte de los hombres cantan. Sus tonadas, no obstante, recuerdan muy poco a las que se oyen en otras regiones de Andalucía. La letrilla es melancólica, una especie de lamento minero próximo a la taranta.[52] La que ahora escucho habla de soledad y abandono, evoca amores tristes y amargas despedidas, es áspera y encoge el ánimo.

La voz de un chico rubio cubre poco a poco la de los otros. A pesar del ruido del camión, percibo la letra. Cuando acaba pregunto de dónde es a mi vecino.

—De por aquí. Creo que para en Agua Amarga.

—Tiene muy buena voz.

—Debería habé oío usté la de un chavá[53] que trabajaba con nosotros, uno que decimos el Lucas. Era un campeón. Fandangos, serranas, tientos, tó lo que quiera usté.[54] En mi vía he escuchao ná parecío.

—¿Dónde está?

—Ése se fue a Francia pero tuvo mala suerte. Al revisarle vieron que tenía la silicosis y lo mandaron otra vez p'aquí. Y, como había dejao la mina, la empresa no quiso indemnizarle. Ahora, no sé dónde debe pará... Me dijeron que se había largao del pueblo.

A medida que el sol se acerca a la cresta de las montañas, el paisaje se tinta de rubio. El camión baja y sube por los badenes y, de vez en cuando, hace una asomada sobre el llano. Cruzamos otro arroyo pedregoso. La vegetación es escueta: higueras enanas, zarzales,* alguna pita. Encima de nosotros el cielo permanece azul, inalterable.

Un kilómetro más y estamos en el campo de Níjar. La nava* es extensa, de color ocre. Los eriales* alternan con los barbechos.* Las lomas del arado se pierden en la distancia, agrietadas y secas. Hay tempranales rodeados con bardas y matas[55] de almendros y olivares silvestres.

—Aquellos cortijos de allí son Los Pipaces—dice mi vecino.

El camión aminora la velocidad y se detiene en la encrucijada. Doy las buenas tardes a todo el mundo y salto a tierra con los tres nijareños. El chófer asoma la cabeza por la ventanilla.

—Que tenga usté buen viaje.

—Muchas gracias.

Le sigo con la vista hasta que desaparece por los badenes. Los nijareños caminan silenciosamente a mi lado. En la huerta hay cepas con las ramas extendidas sobre una complicada red de alambres. Apenas deben tener dos o tres años y algunas echan ya pimpollos y racimos, diminutos y agrestes.

—El amo de la finca ha plantao varios miles—dice uno de los hombres—. Aquí las llamamos riparias.*

—Hasta hace poco la llanura era un desierto.

—Ahora habrá, por lo menos, cuarenta fanegas* de huerta. De aquí a unos años tós los campos que usté ve los convertirán en parrales.

Me acuerdo de los viñedos del valle del Almanzora, en el camino entre Albox y Purchena, y pregunto de dónde sacan el agua.

—De los pozos. Han hecho varios. De cuarenta y ocho y hasta cincuenta y seis metros. Ya le enseñaremos uno.

Nos acercamos a los cortijos. El más próximo parece de construcción reciente y hay otro en obras, en el que trabajan varios albañiles. En los bancales crecen berenjenas y tomates. El aire levanta pequeños remolinos de polvo.

—¡Eh, tú!—grita uno de mis compañeros—. ¿Dónde está el Juan?

El albañil deja de revolver la mezcla del cuezo y se vuelve hacia los otros:

—¿Dónde para el Juan?

—Salió con el chico.

—Mira, por allí vienen...

—¡Juan!

—¡Qué!

—Hay unos compadres que te buscan.

El Juan camina sin prisa. Es hombre cenceño, anguloso, vestido con pantalón de pana negra y camisa de cuadros. Sus borceguíes* son de piel de becerro y lleva sombrero campesino, de alas anchas.

—¿Qué hay?... ¿Para el pueblo?...

—Sí, hacia la casa.

—Me había ido a dar una vuelta por los parrales. Los que plantamos primero han granado.

—Ya lo hemos visto.

—Como sigan así, el año que viene tendremos cosecha.

—¿Uva?

—Por lo menos, agraz.*

Hay un silencio y liamos un cigarrillo. Mis amigos cuentan que soy forestero y me gustaría ver los pozos.

—Venga conmigo. Le enseñaré el de aquí al lado.

El hombre camina delante de nosotros y uno de los nijareños me dice a la oreja que es el maestro de obras.

—No es del país. Vive en Almería y va y viene todos los días con la moto.

El pozo está cubierto por una torre de ladrillos y el alarife* descorre el cerrojo de la puerta. Dentro, se oye el trepidar de un motor. Junto a la boca hay un andamio de tablas. Apoyado en él aventuro una mirada hacia abajo.

—¡Niño!

—¿Qué?

—Aprieta el botón de la luz.

El chiquillo que nos acompaña obedece y se enciende una bombilla en el fondo. El alarife dice que el pozo tiene cincuenta y un metros de profundidad.

—¿Rinde mucho?

—Fíjese. Allí está el chorro de agua.

Salimos, y sonríe satisfecho. Asegura que dentro de diez años toda la finca será huerta y me invita a visitarla otro día con un poco de calma.

Cuando nos alejamos, se va a hablar con los albañiles y le oigo dar órdenes al muchacho.

—¿Es amigo suyo?

—Conocío sólo.

—Parece buen hombre.

—Simpático es. Pero con mucha trastienda.[56]

El más bajo del trío dice que, en cuanto tienen un chispo de poder, todos los hombres se vuelven iguales.

—Tós, no.

El que le corta habla de un tal Gabriel, que no es como los otros.

—Gabrié[57] es el único—contesta el bajito—, y ya has visto qué le ha pasao.

—Lo que le ha pasao no cuenta.

—Díselo a su mujer, y verás qué te responde.

Volvemos al cruce de caminos y tomamos el de la derecha. Buriladas en el flanco de la montaña se columbran las casas de Níjar. La carretera parece rastrear por los eriales. El pueblo queda a cuatro kilómetros y mis compañeros caminan de prisa.

El bajito lleva el talego sobre el hombro y me cuenta que hace diez años que recorre el mismo camino, mañana y tarde, sin desviarse un solo paso.

—Dicen que el mundo cambia y pronto llegaremos a la luna, pero pá nosotros, tós los días son iguales.

Sus camaradas callan y, como vamos rezagados, aprieta el paso y hablamos del clima de Níjar.

Aquí, la colonización tropieza con muchos obstáculos. La falta de árboles provoca una intensa erosión del suelo y explica que el nivel de precipitaciones de la región sea de los más bajos de España. Al suelo pedregoso y la sequía debe añadirse, aún, la acción sostenida del viento. Para defenderse de él, los campesinos tienen que cubrir sus pajares. La arenilla desprendida por la erosión origina continuas tolvaneras, responsables, en no pequeña parte, del elevado porcentaje de tracoma y enfermedades de los ojos que hizo tristemente célebre a la provincia.[58] Y cuando la tempestad se desbrava en uno de esos violentos turbiones—como el que tuve ocasión de presenciar días más tarde—el polvo condensado en la atmósfera es tal que colorea el agua y transforma la ansiada lluvia en una insólita y decepcionante ducha de barro.

—Y aquí, la tierra rinde toavía—exclama el bajito—. Porque si cruza usté las montañas y va pá Carboneras...

—¿Qué hay?

—Lagartos y piedras. Es lo más pobre de España.

Mientras seguimos de palique, la carretera atraviesa unos olivares. Los balates están trazados con regularidad, separado por hormas* de medio metro y, en los entreliños,* el amo ha sembrado garbanzos. El paisaje recuerda un tanto el del campo de Tarragona. Se advierte la proximidad de un pueblo y, un centenar de metros más lejos, llegamos a la carretera comarcal.[59]

Los otros nos aguardan en el hito kilométrico. Yo estoy algo cansado de la caminata y les paso el paquete de Ideales. Las casas de Níjar apuntan detrás de la loma. El cielo bulle de pájaros y reanudamos la marcha.

IV

LA PRIMERA IMPRESIÓN— agreste y un tanto inhospitalaria—que Níjar inspira al viajero que viene por el camino de Los Pipaces, se desvanece con la proximidad. Los alrededores de la villa son ásperos, pero el esfuerzo del hombre ha transformado armoniosamente el paisaje. La ladera del monte está escalonada de paratas.* Frutales y almendros alternan sobre el ocre de los jorfes* y los olivares se despeñan por la varga* lo mismo que rebaños desbocados. Níjar se incrusta en los estribos de la sierra y sus casas parecen retener la luz del sol. Por la carretera pasan feriantes montados en sus borricos. A la entrada del pueblo hay un surtidor de gasolina y, cuando llegamos, una pareja de civiles camina hacia Carboneras con el mosquetón terciado a la espalda.

—Hoy es día de mercao—dice uno de mis compañeros—. Tó ese personá[60] que ve usté, viene de los cortijos.

—¿Qué venden?

—Lo que tienen. Cerdos, gallinas, huevos... Con lo que les dan mercan pan y aceite pá el resto de la semana. Son gente que vive en sitios aislaos, a varios kilómetros uno del otro y sólo van al pueblo los sábaos.

Por la calle bajan mujeres vestidas de negro y un gitano sentado a horcajadas sobre un borrico. Las casas de Níjar son de una sola planta y tienen las fachadas enjalbegadas pero, a diferencia de las de El Barranquete o Los Nietos, su aspecto es poco africano y recuerda más bien el de las viviendas de los pueblos de la Andalucía alta y Extremadura. El techo suele ser de teja encalada y, a través de las puertas siempre abiertas, se vislumbra el interior de los zaguanes: retratos de familia, cromos piadosos,[61] mesitas, floreros, vasijas de barro.

De repente, el bajito me agarra del brazo y me arrastra al interior de una.

—Pase usté. Le presentaré mi mujé[62] y los chavales.

Sus amigos entran detrás de nosotros. La habitación es pequeña, cuadrada. Su mobiliario se reduce a un banco de madera. Del techo cuelga un mosquero pringoso y en la pared hay un dibujo de Walt Disney.

—¡Modesta!

La mujer acude con un crío entre los brazos y, al verme, sonríe con expresión plácida. Aunque tiene el rostro seco y el vientre deformado por la maternidad es todavía bonita.

—El amigo es un señó catalán que ha venío a visitá[63] el pueblo— explica el marido.

—Mucho gusto en conocerle.

Yo digo que el gusto es mío.

—¿No quiere sentarse un momento?

—Muchas gracias.

—Tráele la silla, mujé.

—Espera. Agarra tú al niño.

Modesta desaparece tras la cortinilla de esparto y vuelve en seguida con la silla y dos críos agarrados a las faldas.

—Hala, siéntese.

—No, la silla para usté.[64]

—Ande—insiste el marido. —Nosotros cabemos en el banco.

No tengo más remedio que obedecer y Modesta y los tres hombres se acomodan enfrente mío. Hay un silencio. Los pequeños siguen agarrados a las faldas de su madre.

—¿Qué tiempo tienen?

—Éste, tres años, y este otro, cuatro. Vamos, dad las buenas tardes al señó.

Al oír que hablan de ellos, los niños se encogen y se tapan la cara con las manos. Yo me vuelvo hacia el que va en brazos de la mujer.

—¿Y éste?

—En abril hizo dieciocho meses.

El padre lo sienta sobre sus rodillas y le cubre la cara de besos.

—Es majo, ¿verdá?

El niño parece, en efecto, más robusto que sus hermanos, pero yo miro sus ojos estrábicos[65] y como sin vida, cuando Modesta se adelanta a mi pensamiento:

—Lástima que sea cieguico.

—No ve ná—dice el hombre—. Está asín desde que nació.

Les pregunto si lo ha visitado algún médico.

—A Almería lo llevaron una vez. Dijeron que tendrían que operarle.

—¿Allí?

—No. En Barcelona.

—Parece que en Barcelona hay un médico mú bueno.

—Bueno o malo, pá nosotros es iguá.

—No sé por qué dices eso—se lamenta la mujer.

—Porque es verdá. Como no encontremos naide que nos fíe el viaje...[66]
El padre lo acuna con extraña dulzura. De vez en cuando aparta las moscas a manotazos.
—Al pobrecico[67] se lo comen vivo...
—Pásamelo, José—dice la mujer—. Cuando oye voces desconocías s'espanta.
Por la puerta de la calle irrumpe otro niño, de siete u ocho años. Tiene los ojos rasgados, de color verde, y el pelo ondulado y negro.
—Es mi chico mayó—explica José.
—Da las buenas tardes al señó.
—Buenas tardes tenga usté.
Envalentonados por el ejemplo de su hermano, los pequeños me dan las buenas tardes también.
—¿Ahora os acordáis?—exclama Modesta—. ¿Qué va a pensá[68] ese señó de vosotros?
Los niños se ocultan otra vez bajo sus faldas y ríen excitadamente.
—Son cuatro y otro que viene en camino—aclara José.
—Aquí, las mujeres están siempre encintas—dice uno de sus camaradas.
—Toas las familias son de cuatro, cinco, seis chavales.
—Hay una mujé al final de la calle que tuvo hasta trece.
—Cuanto más pobres, más hijos.
—La noche es larga y la gente no tié distracción como en las capitales...
Los tres hombres intercambian reflexiones bajo la mirada sumisa de Modesta. Los niños de la calle empiezan a aglomerarse frente al portal y nos contemplan inmóviles, hilando baba.
—Largo, fuera de aquí—grita José.
Yo aprovecho la ocasión para levantarme.
—Su compañía es muy grata, pero oscurece, y quisiera dar una vuelta por el pueblo.
—¿Qué desea vé usté?
—Nada de particular. Las calles.
—¿Ha viso usté el Paseo?—pregunta Modesta.
—No, señora.
—Entonces, mi hijo le acompañará. Antoñico, lleva al señó al Paseo.
El niño de los ojos verdes me coge familiarmente de la mano.
—Venga.
Yo me despido de Modesta y su marido y les agradezco la

hospitalidad.
—¿Cuántos días se queda usté en Níjar?
—Me voy mañana.
—Bueno, pues que tenga usté buen viaje...
El grupo sale a decirme adiós a la calle y Antoñico y yo nos alejamos seguidos de una nube de arrapiezos.
—No les haga caso—dice el niño—. Cuando ven a un forastero se quean[69] como embobaos.
El cortejo imanta poco a poco la chiquillería curiosa de los portales. Pronto son veinticinco o treinta. Van pobremente vestidos, con pantalones heredados de sus padres o hermanos pero, en vez de gritar y alborotar como los de Cuevas, caminan detrás de nosotros en silencio, a respetuosa distancia.
Doblamos la esquina y, por una calle estrecha y llena de polvo, desembocamos en el Paseo. Es una avenida monumental, alquitranada y con jardines, de un centenar de metros de largo. Como para acentuar su carácter insólito, Antoñico señala la hilera de farolas plateadas rematadas con tubos de neón. El visitante se frota los ojos porque cree soñar. El conjunto parece directamente trasplantado desde Sitges o alguna otra playa de moda.[70] Una casa de alta costura en pleno desierto no le hubiera causado mayor sorpresa.
—Lo inauguraron el año pasao—dice Antoñico—. ¿Qué le parece?
La chiquillería está al acecho de mis palabras y digo que me parece bien.
—De noche lo iluminan y tó.
—Debe quedar muy bonito.
—Mucho. Venga de aquí a dos horas y lo verá.
Aguardando el momento de lucir sus galas nocturnas, el Paseo desempeña, entre tanto, funciones más modestas. Cuando nos vamos, un hombre con sombrero y zamarra* lo atraviesa al frente de una piara* de puercos.
—¿Qué quié vé usté más?
Doy las gracias a Antoñico por sus amabilidades y le digo que me voy a la posada. El niño me cree y se aleja con los otros. Una vez solo vuelvo a la calle por donde habíamos venido y me interno por las callejuelas laterales en busca de los talleres de alfarería.
La cerámica de Níjar es famosa en todo el sur y, con la de Bailén, una de las más importantes de España.[71] Barnizados y pintados de vivos colores, lebrillos* y platos se venden en Madrid, Barcelona y Valencia a precios que sorprenderían sin duda a sus humildes autores.

Níjar: el Paseo

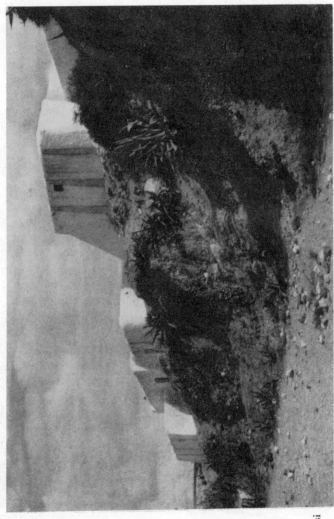

"Semejan casi
fortines...."

En Níjar se puede llenar un automóvil de cacharros por unas pocas pesetas. Últimamente, algunos nijareños parecen haber caído en la cuenta del negocio que tienen entre manos y, de cara al turismo extranjero, ilustran las vasijas de ingenuos motivos folklóricos y las venden luego a los automovilistas a lo largo de la carretera general por Lorca, Totana y Puerto Lumbreras.

La calle por la que subo es pina y las aguas residuales han abierto un cauce por en medio, lleno de fango y suciedades. Atardece, y la gente se asoma a la puerta de las casuchas. Una radio transmite a toda potencia una canción de Valderrama.[72]

Pregunto por los talleres y me indican uno. Es un cobertizo bajo, sin ventanas, donde trabajan cuatro hombres. Los maestros moldean sentados en los tornos y el aprendiz apelmaza la arcilla golpeándola contra una laja.* Al fondo, en una solana bastante extensa, hay varias hileras de lebrillos puestos a secar.

Los hombres parecen acostumbrados a la curiosidad de los mirones. Los tornos están empozados de manera que la rueda superior quede a la altura del suelo, y pedalean enterrados hasta la cintura, con rapidez milagrosa. En sus manos, la arcilla cobra en pocos segundos la forma de un cuenco. Cuando terminan, lo dejan sobre una tabla y empiezan otro.

—¿Forastero?—dice uno de los maestros al cabo de un tiempo.

—Sí, señor.

—La otra tarde vino a vernos un alemán, con su familia.

Las vasijas se forman velozmente entre sus dedos, siempre iguales.

—¿Cuántas hacen al día?

—No sé, nunca las contamos.

El hombre parece poco hablador. Sus cuencos llenan ya la totalidad de la tabla y el aprendiz los lleva a secar al patio. Desde la puerta le veo trasegar de lebrillo en lebrillo un líquido blanco, semejante a la leche.

—¿Qué es eso?

—El caolín.* Sirve pá barnizá.

Al acabar, le paso mi paquete de Ideales y fumamos un cigarrillo. Mientras los otros salen de los tornos y se quitan la arcilla de las manos, me explica que en el pueblo hay más de doce talleres, pero que todos malviven.

—Es un oficio muy cansao y, en realidá, rinde poco. Pá llegá a alfarero se necesita aprendé desde niño y siempre son otros quienes aprovechan.

—Si uno trabajara por su propia cuenta, sí rendiría—tercia uno de los maestros—. Pero, tal como lo hacemos nosotros, el chico tié razón.

—En otros laos, el torno gira con motor y no hay que pedaleá tól tiempo.

—Pues yo, ¿sabéis lo que os digo?—exclama otro—. Que prefiero está aquí diez horas por nueve duros que metío a cien metros bajo tierra, iguá[73] que las ratas.

—Aquí la faena es cansá pero no te tié amarrao, y no te envejece antes de hora, ni te estropea...

El que habló primero dice que no cambiaría de profesión por nada y, como ha llegado la hora de cerrar y oscurece, salimos a la calle. El sol ha trasmontado pero su luz desperfila todavía las crestas de la sierra. Después del bochorno del día la fresca es agradable.

En la esquina hay una taberna y entramos a beber una copa. Terminada la discusión sobre su oficio, los alfareros permanecen silenciosos. El aprendiz pregunta si me hospedo en la fonda y le digo que aún no he visto ninguna.

—Conozco dos o tres. La que linda con la plaza le resultará muy económica.

Cuando se van, vagabundeo por el pueblo, sin rumbo fijo. Las casas tienen los portales abiertos y los cuadros familiares se suceden monótonos y tristes. Veo un taller de reparación de bicicletas, un almacén de granos. En la plaza los chiquillos juegan a la morra[74] y el cura conversa con el brigada. Hay tres cafés, la parroquia, un cine. Los cafés están de bote en bote, el cine anuncia una película de Vicente Escrivá[75] y, al acercarme a la iglesia, leo un cartel descolorido: ALEGRE HACIA EL SACERDOCIO. AYUDAD AL SEMINARIO. Quiero entrar, pero la puerta está atrancada.

Por el arroyo pasan dos mujeres montadas en borricos. Vuelven de la compra, con grandes cestos, y me decido a subir al albaicín.* En la calleja se alinean los tenduchos de comestibles y pronto doy con la plazuela del mercado. Cuando llego, los últimos vendedores guardan el género en los cuévanos. Los asnos rebuznan de impaciencia.

—¿No quiere usté unas tunas,* señor?

El viejo implora con los ojos, pero, cuando me doy cuenta, he dicho que no y es demasiado tarde. Continúo cuesta arriba con el propósito de comprarle al volver. El pueblo es mayor[76] de lo que parece a primera vista y no sé regresar a la plazuela. Tengo que preguntar a una muchacha y, cuando llego, el viejo se ha esfumado.

De noche, mientras la posadera prepara la cena en la cocina, me acuerdo de que Ortega y Gasset menciona lo acontecido en Níjar el 13 de septiembre de 1759, cuando se proclamó rey a Carlos III, como ilustración de su célebre teoría sobre la rebelión de las masas. Según un papel del tiempo, en poder del señor Sánchez de Toca, citado en *Reinado de Carlos III* por D. Manuel Danvila, que el filósofo parafrasea, "después mandaron traer de beber a todo aquel gran concurso, el que consumió setenta y siete arrobas de Vino y cuatro pellejos de Aguardiente,[77] cuyos espíritus los calentó de tal forma, que con repetidos vítores se encaminaron al pósito, desde cuyas ventanas arrojaron el trigo que en él había y 900 reales de sus Arcas. Desde allí pasaron al Estanco de Tabaco y mandaron tirar el dinero de la Mesada,[78] y el tabaco. En las tiendas practicaron lo propio, mandando derramar, para más authorizar la función, quantos géneros líquidos y comestibles havía en ellas. El Estado eclesiástico concurrió con igual eficacia, pues a veces indugeron a las mugeres tiraran cuanto havía en sus casas, lo que egecutaron con el mayor desinterés, pues no quedó en ellas pan, trigo, harina, zebada, platos, cazuelas, almireces, morteros ni sillas, quedando dicha villa destruída". "¡Admirable Níjar![79]—añade Ortega—¡Tuyo es el porvenir!".

Después de haber recorrido un poco la península, uno piensa que lo sucedido hace dos siglos en Níjar es hoy por hoy moneda corriente en el país y que Ortega obró con ligereza al abrumar irónicamente a sus habitantes. Son las minorías selectas,[80] no el pueblo, quienes suelen echar el dinero por la ventana—y hay muchas maneras de echarlo. El pueblo no tiene más remedio que resignarse, y aun cuando secunde alegremente sus delirios como, según el papel en poder del señor Sánchez de Toca, hizo el de la villa de Níjar, el hombre de buena fe sabe distinguir, más allá de la anécdota, quiénes son las víctimas y quiénes los culpables.

Uno se dice todo eso y muchas cosas más, pero la posadera viene ya con la salsa de almendras y pimientos que majaba en el pilón y se abandona al asperillo del vino y al regosto de la comida[81] con un olvido tan completo de los que en el mundo ocurre que luego le hace avergonzarse.

La cama es buena para quien tiene el estómago lleno y sabe que al día siguiente no habrá de faltarle lo necesario, pudiendo ir de un sitio a otro sin ser esclavo en ninguno, y mirar las cosas desde fuera, como un espectador ajeno al drama. Uno sabe también eso y, cuando apaga la luz, piensa en los otros. Las horas se suceden en el cuadrante del reloj y el sueño se le escapa.

V

HABÍA DICHO a la patrona que me despertase de alborada con el sano propósito de ver despuntar el sol sobre la sierra, pero las sábanas se me pegaron más de lo debido. Los felices trabajadores en domicilio hemos abandonado la costumbre de madrugar para ganar el pan y el autor de estas líneas se levanta a la hora en que el guadapero* lleva el serillo* del almuerzo a los segadores.

—Ha perdío usté el autocá[82]—dice la mujer, algo escandalizada—. Salió hace ya mucho rato y hasta mañana no hay ninguno.

El perezoso paga cena y cama bajo su mirada desaprobadora y, una vez en la calle, se mete en la primera barbería. Si tuviera que caracterizar el sur en tres palabras citaría seguramente a las barberías, junto a los niños y a las moscas. Todos los pueblos de Murcia y Andalucía rivalizan en número y, a juzgar por mi experiencia, su horario es muy elástico. Una noche, en Guadix,[83] conté dieciséis y entré en la decimoséptima cuando eran casi las once. La de Níjar es más mísera aún que las guadijeñas y, mientras el barbero me enjabona la cara, me entretengo mirando el mosquero, los frascos vacíos y un ventilador que luce en la rinconera, de adorno.

—¿A cuántos kilómetros queda Lucainena?

—A diez, debe está...

—¿Y Carboneras?

—Lo menos a veintisiete. Como no tenga usté auto...

Yo digo que voy a pie y el barbero explica que Lucainena, Carboneras y Turrillas son pueblos sin interés y no merecen la visita.[84]

—Además no encontrará un alma por allí. Mejó que dé usté media vuelta y tire hacia el Cabo de Gata.

—Queda lejos también.

—Lejos, sí está. Pero es más curioso que Carboneras y le será fácil pará algún auto.

El barbero se expresa con el acento cantarín que tienen a menudo los hombres de la provincia y, al acabar su trabajo, me pone un poco de talco en la barba.

—¿Cuánto es?

—El señó me debe seis reales.

El sol castiga duro a aquella hora y, como el domingo no hay camiones, ni carros, sigo los consejos del barbero y echo a andar en dirección a Gata.

El camino es el mismo que tomé al venir, pero, en lugar de seguir la calle hasta el surtidor de gasolina y continuar por la carretera comarcal, tuerzo a la izquierda por la antigua entrada del pueblo y serpenteo entre los muros de piedra seca hasta la puerta del camposanto.

A la derecha, las montañas se entrelazan hasta perderse de vista en el horizonte. A la izquierda, son las tierras alberas del llano, cultivadas a trechos y esfumadas por la calina. Por poniente bogan nubecitas vedijosas.* Las cigarras zumban en los olivares. Encampanado en el cielo, el sol brilla sobre el campo de Níjar.

La carretera se ciñe a la forma caprichosa de los balates y, al llegar al cruce, repecha la cuesta, deja atrás el poste de gasolina, aterriza en el llano. La pareja de civiles que está de facción en el teso[85] me contempla mientras me alejo del oasis de verdor que varios siglos de trabajo silencioso y anónimo han logrado crear junto al pueblo y me interno en el desierto que lo rodea, por un paisaje rudo, sin hombres, árboles, ni agua.

El camino es recto, parece que no tenga fin. El arbolado ralea poco a poco. Los últimos acebuches* son achaparrados y canijos y, al desaparecer también, me encuentro solo en medio de un mar de arcilla, sin más brújula que el encegador reverbero del sol sobre la carretera.

Al cabo de media hora de marcha el calor se hace insoportable. La llanura se cuece entre espirales de calina. Las cigarras zumban amodorradas. El propio caminante—que, desde que vive en el norte, se ahila y desmedra como las plantas privadas de luz y es un apasionado del sol—siente el agobio del trayecto y empieza a buscar un trocito de sombra donde tumbarse.

No hay ninguno y continúo todavía un buen rato. A lo lejos se divisa la carrocería brillante de un automóvil, parado al borde de la cuneta. Debe estar a poco menos de un kilómetro y el chófer camina por el alquitranado.

En la tierra parda, los henequenes suceden a los chumbares. Un culebrón asoma su astuta cabeza entre las zarzas y luego se desvanece. A la izquierda hay un cortijo en alberca con la consigna del Instituto, MAS ARBOLES, MAS AGUA, escrita con alquitrán sobre el muro.

El automóvil está ahora a trescientos metros y el hombre parece esperarme, apoyado en el guardabarros. Al poco, descubro que no va solo y veo otro, sentado al pie del talud. En el campo de henequenes, un mozo desmocha terrones con la azada. Un tordo alirrojo se posa en las chumberas del camino. Las nubecillas condensadas en la sierra se aborregan. La colina ondea sobre el llano. El coche es un Peugeot 403 y lleva matrícula de París. Su conductor —hombre rubio, de una cuarentena de años—va vestido como explorador de película, con pantalones cortos de color caqui y camisa blanca. Sólo le falta el casco.

—*Pardon*, señor. *Est-ce que vous savez* dónde agua—dice cuando llego junto a él.

—*Je ne sais pas, c'est la première fois que je prends cette route.*

El hombre amusga la vista con cierta sorpresa. El sudor le chorrea por la cara.

—*J'ai oublié de mettre de l'eau dans le réservoir et je suis en panne* —añade al cabo de unos instantes—. *Il n'y a aucune fontaine aux environs?*

—*Je ne sais pas mais ça me paraît un peu difficile. De l'eau, ici...*

—*C'est embêtant. Voilà plus d'une heure qu'on attend et encore on n'a pas vu de bagnole.*

Por la ventanilla del coche asoma una cabeza de mujer, colérica, con la nariz despellejada.

—*Je te l'avais dit quarante fois. Toute cette région-là c'est le désert. Maintenant essaie de trouver de l'eau. Cela t'apprendra a m'emmener dans des pays pauvres.*

—*Veux-tu la fermer?*—dice exasperado el hombre.

Junto al talud hay un viejo con una chaqueta raída y, al oírle, el corazón me da un brinco en el pecho. Aunque tiene la cara medio oculta bajo el ala del sombrero, barrunto que es el mismo que, la víspera, me ofreció las tunas en el mercado.

—Explíquele que hay un pozo a dos kilómetros de aquí—dice sin reconocerme.

—*Il dit qu'il y a un puits à deux kilomètres d'ici.*

—*De quel côté?*

—¿Hacia qué dirección?

El viejo se incorpora y veo sus ojos azules, cansados. Son los mismos de ayer, pero, ahora, ya no imploran nada.

—¿Ve usté aquel cerro detrás de las chumberas?

—Sí.

—Al otro lado hay un cortijo donde encontrará agua.

Traduzco las indicaciones del viejo y el turista abre la puerta del coche.

—*Il paraît qu'il y a un puits là-bas.*

La mujer hace como si no le oyera y se abanica furiosamente con el

periódico.
—*Au revoir*—nos dice el hombre—. Muchas gracias.
El viejo y yo continuamos por la carretera. El sol aprieta fuerte y mi compañero lleva un cenacho* enorme en el brazo.
—Hable usté muy bien el español—dice al cabo de cierto tiempo.
—Soy español.
—¿Usté?
—Sí, señor.
El viejo me mira como si desbarrara.
—No. Usté no es español.
—¿No?
—Usté es francés.
—Hablo francés, pero soy español.
El viejo me observa con incredulidad. Para la gente del sur la cultura es patrimonio exclusivo de los extranjeros. Un francés hablando perfectamente diez idiomas sorprende menos que un español chapurreando mal gabacho.[86]
—Mire—digo echando mano al bolsillo—. Aquí está el pasaporte. Lea. Nacionalidad: española.
El viejo da una ojeada y me lo devuelve.
—¿Dónde dice que vive usté?
—En París.
—Ah, ¿lo ve? —exclama triunfalmente—. Entonces es usté francés.
—Español.
—Bueno. Español de París.
Su conclusión es irrebatible y renuncio a la idea de discutir. Durante unos minutos caminamos los dos en silencio. La carretera parece alargarse indefinidamente delante de nosotros. El viejo lleva el cenacho cubierto con un trozo de saco y le pregunto si aún le quedan tunas.
—¿Tunas? Por qué?
—Ayer por la tarde, ¿no estaba usted en Níjar?
—Sí, señor.
—Es que me pareció verle allí en el mercado.
—¿Y todavía dice usté si me quedan tunas?
El viejo se detiene y me mira casi con rabia.
—Las que usté quiera. Tenga. Se las regalo.
—No le había dicho eso...
—Pues se lo digo yo. Cójalas. Y, si no le gustan, escúpalas. No me ofenderé.
Ha quitado el saco de encima y me enseña el cesto, lleno de

chumbos hasta los bordes.

—Quince docenas. Se las doy gratis.

—Se lo agradezco mucho pero...

—No debe agradecerme nada. Nadie las quiere. Tengo mi mujer en la cama, con fiebre. Necesito ganar dinero y ¿qué hago? Coger varias docenas de tunas e irme al pueblo. ¡Imbécil que soy! La gente prefiere que le pidan limosna en la cara.

El viejo deja caer las palabras lentamente, con voz ronca, y se vuelve hacia mí.

—¿Las sabe usté cortar?

—Sí.

—Entonces, venga. Le daré tenedor y cuchillo.

—¿Ahora?

—Sí, ahora. Estarán un poco calientes, pero es igual. Frías, tampoco tientan a nadie.

En la linde de la carretera hay una higuera amarilla y raquítica, pero da alguna sombra. Nos sentamos en el suelo y el viejo me tiende el cuchillo y el tenedor.

—Coma usté las que quiera. Al cabo igual tendría que echarlas.

Yo digo que saben distinto que en Cataluña y el viejo calla y se mira las manos.

—Prefiero éstas. Son mucho más sabrosas.

—Lo dice usté para ser amable y se lo agradezco.

—No. Es la pura verdad.

Con el cuchillo corto los extremos de la tuna y rajo la corteza por en medio. Al levantarme sólo había bebido un mal café y descubro que tengo hambre.

—Cuando era niño, en casa, las tomábamos por docenas.

El viejo me observa mientras como y no dice palabra.

—Mi padre nos prohibía mezclarlas con la uva porque decía que las pepitas malcasaban en el estómago y provocaban un corte de digestión.

El viejo, ahora, se mira atentamente las manos.

—Tengo dos hijos que viven en Cataluña—dice.

La música monocorde de las cigarras pone sordina a sus palabras. En la llanura el sol brilla como un tumor de fuego.

—Cuando era joven, mi mujer quería que tuviésemos muchos. La pobre pensaba que estaríamos más acompañados al llegar a viejos. Pero ya lo ve usté. Como si no hubiéramos tenido ninguno.

—¿Dónde están?

—Fuera. En Barcelona, en América, en Francia... Ninguno volvió del servicio.[87] Al principio nos escribían, mandaban fotografías, algún dinero. Luego, al casarse, se olvidaron de nosotros. El viejo sonríe con gesto de fatiga. Sus ojos azules parecen desteñidos.

—El mayor no era como ellos.

—¿No?

—Desde pequeño pensaba en los demás. No en su madre, su padre o sus hermanos, sino en todos los pobres como nosotros. Aquí la gente nace, vive y muere sin reflexionar. Él, no. Él tenía una idea de la vida. Su madre y yo lo sabíamos y lo queríamos más que a los otros, ¿comprende?

—Sí.

—Cuando hubo la guerra se alistó en seguida a causa de esta idea. No fue a rastras como muchos, sino por su propia voluntad. Por eso no lo lloramos.

—¿Murió?

—Lo mató un obús en Gandesa.[88] Hay un momento de silencio durante el que el viejo me observa sin expresión. El viento levanta remolinos de polvo en el llano.

—En su país debe llover. Siempre he querido ir a un país donde haya lluvia pero nunca lo he hecho, y ahora... Está ya duro el alcacer para zampoñas...[89] Las palabras salen difícilmente de sus labios y mira absorto a su alrededor.

—Aquí han pasado años y años sin caer una gota, y mi mujer y yo sembrando cebada como estúpidos, esperando algún milagro... Un verano se secó todo y tuvimos que sacrificar las bestias. Un borrico que compré al acabar la guerra se murió también. No se puede usté imaginar lo que fue aquello...

La llanura humea en torno a nosotros. Una banda de cuervos vuela graznando hacia Níjar. El cielo sigue imperturbablemente azul. El canto de las cigarras brota como una sorda protesta del suelo.

—Nosotros sólo vivimos de las tunas. La tierra no da para otra cosa. Cuando pasamos hambre nos llenamos el estómago hasta atracarnos. ¿Cuántas dijo que se comía usté?

—No sé, docenas.

—En casa hemos llegado a tomar centenares. El año pasado, antes de que mi mujer cayera enferma, le dije: "Come, haz igual que yo, a ver si reventamos de una vez", pero los pobres tenemos el pellejo muy duro.

El viejo parece verdaderamente desesperado y, como hace ademán

de levantarse y escampar, me incorporo también.
—¿A cuánto las vende usted?—digo.
El viejo vuelca las tunas por el suelo y se mira las alpargatas.
—No se las he vendido. Se las he regalado.
Torpemente saco un billete de la cartera.
—Es una caridad—dice el viejo enrojeciendo—. Me da usté una limosna.
—Es por los tunas.
—Las tunas no valen nada. Déjeme pedirle como los otros.
Por la carretera pasa una motocicleta armando gran ruido. El viejo alarga la mano y dice:
—Una caridad por amor de Dios.
Cuando reacciono ha cogido el billete y se aleja muy tieso con el cenacho, sin mirarme.

VI

PASADA LA VENTA DE LAS CANTERAS, la carretera faldea una zona desnuda, montañosa. Las ondulaciones de Sierra Alhamilla se pierden en el horizonte, lo mismo que un mar. Una liebre cruza velozmente el camino y desaparece entre los zarzales, como engalgada. Es un magnífico lugar para el ojeo y, suspendida sobre el barranco, veo una paranza* de cazador engastada en la roca.

Llegando al cruce de Rodalquilar—allí donde la víspera pasé en camión con el Sanlúcar—, el paisaje se africaniza un tanto: cantizales, ramblas ocres y, a intervalos, como una violenta pincelada de color, la explosión amarilla de un campo de vinagreras. Después de hora y media de camino empiezo a sentir la fatiga. Por la carretera no se ve un alma. Sopla el viento y de los eriales surge como un canto de trilla,* pero es seguramente una ilusión, pues cuando aguzo el oído y me detengo, dejo de escucharlo.

La carretera de Gata parte de las cercanías de El Alquián y corto a campo traviesa. Se presiente el mar hacia el sur, tras los arenales. El suelo está lleno de trochas que se borran lo mismo que falsas pistas. Sigo una, la abandono, retrocedo. Finalmente descubro un camino de herradura⁹⁰ y voy a parar a una rambla seca, sembrada de guijarros.

Cuando llego, una banda de cuervos se eleva dando graznidos. Hay un cadáver descompuesto en el talud y el aire hiede de modo insoportable. Intento ir de prisa, pero las piedras me lo impiden. El cauce de la rambla está aprisionado entre dos muros. No se ve un solo arbusto, ni un nopal, ni una pita. Nada más que el cielo, obstinadamente azul, y el lujurioso sol que embiste, como un toro salvaje.

Al cabo de un centenar de metros, subo por el talud. Arriba, la vista se extiende libremente sobre el llano y parece que se respira mejor. El suelo es todavía pedregoso y sorprendo varias culebras. Me duelen los pies, y, mientras ando, acecho el lejano mar de Gata.

El sendero bordea un campo de henequenes y, de pronto, me encuentro en la carretera. Por el badén viene un hombrecillo con unas alforjas al hombro y espero a que se acerque para abocarme con él.⁹¹

—Buenos días.

—Buenos días.

—La carretera de Gata, por favor...

—Sin favó. Está usté en ella.

El hombrecillo me observa con curiosidad. Tiene tracoma y sus ojos parecen dos ojales.

—¿De dónde viene usté?

—De Níjar.

—Caló, ¿eh?

—Sí. Mucho.

Le ofrezco mi paquete de tabaco y reanudamos la marcha. El hombrecillo cojea ligeramente.

—Nosotros estamos acostumbrados al sol, pero los forasteros...

—¿Es usted de aquí?

—De un caserío de cerca de aquí. Torre García. ¿Lo conoce?

Cuando digo que no, parece algo ofendido.

—Pues es muy famoso. Allí se apareció la Virgen del Mar a los pescaores[92] hace diez mil años.

—Muchos años son.

—Muchísimos. Ahora es la patrona de Almería y tós los veranos viene la mar de personá[93] desde allí a celebrarla.

Bajamos y subimos otro badén. Los márgenes de la carretera están cultivados y mi compañero los señala con el dedo.

—¿Ha visto?

—Sí.

—La cebá ya encaña.

—¿Por qué siembran sólo en la orilla?

—¿No ha pasao usté por la carretera d'El Alquián?[94]

—Sí. También había cebada en los bordes.

—Los laos los dejan pá nosotros—explica el hombrecillo—. Permítame que me presente. Feliciano Gil Yagüe, peón caminero.

—Mucho gusto.

—El gusto es mío.

Yo me acuerdo del viejo de la carretera de Rodalquilar y pregunto si lo conoce.

—Uno que le llaman el Tigre...

—Ah, el Rodegario... Mú buen hombre. Lástima que le tire el vino.

—Eso me dijeron.

—Aquí, al que bebe, lo tién muy criticao, pero ¿qué quié usté? Cuando uno es viejo y está solo en el mundo...

—Sí, claro.

Feliciano me explica que es viudo y padre de cuatro hijos.

—El mayor pronto empezará la mili. Hace el doble que yo de alto.

—¿Viven con usted?

—Sí. Cá uno trabaja por su cuenta, pero tós dormimos en El Alquián.

—Por allí pasé yo ayer.

—Pues si le coge otra vez de camino descuélguese a vernos. Mi hija es ya una real moza, con dos ojos asín de grandes.

—Muchas gracias.

—Los cuatro tién la vista buena. No se vaya usté a creé, viéndome a mí, que han salío como el padre.

—No.

—Yo estoy asín desde niño y mi hermano también. Cuando nos llamaron a filas nos dieron a los dos por inútiles.

Mientras caminamos explica que, hace años, en su pueblo, muchos mozos se frotaban los ojos con mostaza y un polvillo que iban a buscar a la mina y los médicos, al hacer la revisión, creyendo que tenían tracoma, los enviaban derechitos a casa.

—Había uno, el Eulogio, que se metió tanto polvo en los ojos, que luego se volvió ciego.

—¿Vive?

—Murió ya. ¿Sabe usté cómo?

—No.

—Lo atropelló un camión a la entrá d'El Alquián. Estuvo agonizando nueve días.

Feliciano cuenta las cosas con calma, con un regodeo secreto.

—Por aquí muere mucha gente accidentá.

—¿Sí?

—El mes pasao, la marrana de mi vecina le comió la cabeza a su niño. Tós los diarios hablaron.

El hombrecillo explica lo sucedido con pelos y señales y uno piensa que—a manera de compensación—el humor negro debe aliviar a los almerienses. Tiempo atrás, en un lugar de la provincia, la casualidad me hizo asistir a la representación de unos cómicos, y su ironía macabra, llena de alusiones a la pobreza y a la muerte—que seguramente hubiera petrificado de horror al público de cualquier otro país—fue acogida allí con explosiones de verdadero entusiasmo. Feliciano pertenece a esa España-esperpento que retrataron Goya y Valle-Inclán[95] y, mientras narra sus historias, los ojillos sarnosos le parpadean con malicia y su boca sonríe como una cicatriz abierta, pálida y desdentada.

—¿Lee usté *El Caso*?

—A veces.

—La criatura salió allí retrataíca.

La carretera atraviesa unos huertos cercados con bardas. Hay una acequia en la linde del camino y los bancales están todavía húmedos. Poco a poco nos acercamos a un cortijo. Parece grande, y las palmeras y el rumor del agua le dan el romanticismo de un oasis enclavado en medio del desierto.

—Bueno—dice el hombrecillo—. Ya hemos llegao.

—¿Dónde?

—A Torre Marcelo. Usté no tié más que echá[96] p'alante y en seguía llega usté a Cabo Gata. Yo me planto aquí.

Me despido de Feliciano, no sin prometerle antes que pasaré por El Alquián a ver a sus hijos, y le sigo con la vista mientras, pasito a pasito, salva el solejar de la era. Por la ventana de la cuadra le mira también un burro, y los perros le rodean con jemeques* y brincan para lamerle las manos.

Torre Marcelo produce impresión de gran riqueza. La paja se amontona en los almiares. Bajo el colgadizo* se ven las enjalmas* de los mulos y una especie de enorme armatoste con los aperos de labranza y trajino del campo. Hay gallinas, ocas, patos, cerdos, e incluso una alberca donde un niño pesca ovas* y remueve la lama* del fondo con la punta de una caña.

La carretera costea un bancal de eucaliptos y, siguiendo el trazado de la acequia, recorre una huerta con olivos, palmeras y frutales. Sopla un viento salado que es como un anticipo del mar. El paisaje se agosta de nuevo y, después de media hora de camino por las marismas, aparece San Miguel de Cabo de Gata.

La imagen de África se impone otra vez al viajero. Las casas son rectangulares, blancas; semejan casi fortines. El viento azota las playas del golfo de Almería y, formando una barrera protectora, las chumberas fijan la arena de las dunas.

Sin decidirme a atravesar el pueblo, doy un rodeo por los navazos. El arenal es una auténtica solana. Las algaidas ocultan el mar y, cuando al fin lo veo, tras diez minutos de impaciente búsqueda, me quito la ropa y me zambullo.

Minutos después, acosado por el hambre, me aproximo lentamente hacia el pueblo. Sus casas están edificadas de espaldas al mar y las fachadas posteriores soportan el embate de la arena. Las barcas varadas en la playa parecen insectos arrojados allí por el temporal, son como gigantescas mariposas sin vida. Hay boliches, traineras, botes, jábegas.[97] En Cabo de Gata, como en Motril, los hombres pescan a copo* halando las redes desde tierra.

A un centenar de metros en dirección a las salinas se yergue una

Caserío cerca de Las Negras. "La imagen del África se impone..."

"Un gitano se cruza con nosotros montado sobre un borrico..."

graciosa torre en ruinas, construída, sin duda, hace siglos, para prevenir las incursiones piratas. La playa es extensa, muy limpia. Un barco salinero aguarda a que terminen de cargarlo, anclado a medio kilómetro de la costa. Más lejos, el horizonte se cierra bruscamente con los acantilados del cabo.

En el pueblo, los niños me siguen con curiosidad—los niños flacos y oscuros del sur, de pelo anillado y ojos expresivos, medio enanos y medio diablejos, con sus manitas móviles, sus voces cantarinas y una tristeza adulta que transparenta siempre bajo los rasgos maliciosos y ávidos.

—¿Busca la fonda?

—Sí.

Inmediatamente se agrupan en torno mío, discuten, me tiran de la manga.

—Por aquí. Por aquí.

—¿Es usté francés?

—No.

—Hay uno aquí que habla el francés.

—Soy español.

—Es español—repiten a coro—. Español. Español.

Los más impacientes se adelantan con la noticia y vuelven a recogerme cuando me acerco a la plaza.

La fonda es una casa como las otras, blanca por fuera y fresca y agradable por dentro, con un bar lleno de cajas de cerveza, un tonel de vino y un calendario de propaganda en colores.

—Aquí está—dicen triunfalmente los niños.

El patrón es hombre joven, de buena facha, vestido con pantalones tejanos y una camiseta de hilo. Los chiquillos me llevan hacia él y se quedan quietos, acechando muestras palabras.

—¿Podría darme de comer?

—Eso depende de lo que quiera usté.

—Me es igual. Lo que haya.

El patrón pone los brazos en jarras y dice:

—Tenemos pan, aceitunas, tomate, cebolla, pescao frito...

—Está bien.

—Si quié usté latas de conserva, también hay.

—No.

—¿Algo de bebé?

—Medio litro de tinto.

El patrón me introduce en el comedor. Como en Rodalquilar, no tiene más que una mesa y, cuando llego, dos hombres que frisan la

cuarentena dan buena cuenta de la ensalada.
—Que aproveche.
—Gracias.
Mis comensales son locuaces y, en seguida, me brindan conversación.
—¿Es usté del pueblo?
—No.
—Nosotros tampoco. Estamos reparando el motor de un pesquero que encalló el mes pasado.
—¿Dónde?
—Frente a las salinas. Pero venimos a comer aquí. Allí no se encuentra nada.

El que está a mi derecha se llama Vitorino Fernández. Es cartagenero, del barrio de la Concepción, y fue pescador toda su vida antes de trabajar como mecánico naval. El otro explica que vive en Alicante. Sólo recuerdo su apellido: Carratalá.
—Yo conozco todo el sur y levante de España—dice Vitorino—. Desde Portugal hasta el Cabo Creus. Mi padre era patrón de una trainera y allí aprendí a arreglar los motores.

Yo le hablo de los pueblos de mar de su provincia: Mazarrón, Águilas, San Javier, Los Alcázares...
—¿Ha estado usté por allí?
—De paso.
—Como pescado fino el del Mar Menor. ¿Fue usté a las golas?[98]
—Sí.
—¿Y vio cómo lo atrapan?
—Sí.

Vitorino es hombre sensual y, al hablar de comida, le relucen los ojos y parece que la boca se le haga agua.
—Vaya forma de prepararlo que tienen... Siempre lo he dicho. No hay nada en el mundo como el caldero.

Carratalá maldice la suerte que los ha llevado a Almería.
—Sale usté a las diez de la noche y ya no ve un alma. Todo cerrado.
—Para alternar, Cartagena.
—O Málaga. Éste y yo estuvimos el mes de abril reparando unos motores. Allí sí que hay vida.

El patrón viene con un plato de ensalada, cebolla, tomate y aceitunas. A mis compañeros les sirve una bandeja llena de pescado frito.
—¿Os enterasteis de lo de anoche?—dice. Y sin darles tiempo de contestar:—Los americanos esos del barco, que armaron por ahí una

trifulca.

—No. ¿Qué hicieron?

—Ná, que vinieron en taxi tres, desde Almería, borrachos como zaques y, al llegá aquí, no quisieron pagá al taxista, dijeron que no tenían dinero. El chófer es un garruchero[99] que conozco, un tronco de hombre asín que le llaman el Tarzán. Cuando vio el plan en que se ponían, el tío los tumbó a los tres groguis[100] y les quitó las ropas, los relojes, tó lo que llevaban encima...

—¿A qué hora fue?

—No sé a qué hora sería. Hacia las cinco o las cuatro. Esta mañana el Julio vio a dos, durmiendo la mona en la playa. Dice que iban en pelota viva. El otro se largó nadando hasta el barco.

El patrón va a buscar la botella de vino y mis comensales despotrican contra los marineros.

—Es que vienen aquí creyendo que tienen derecho a todo. Una vez, en Alicante, molieron a palos a un limpia.[101] ¡La madre que los parió![102]

Vitorino me pregunta si he estudiado en la Universidad y, cuando digo que sí, carraspea y me habla de Barcelona y Madrid y de unos chicos que fueron a trabajar a los astilleros durante las vacaciones de verano.

—Gente estupenda—dice—. Daba gusto oírlos. Puede que usté los conozca.

El patrón vuelve con mi pescado, el vino y un meloncete de muy buena pinta que cala antes de terciarlo.

—¿Qué tal está?—dice Vitorino.

—De primera.

Y sentados los cuatro hablamos de las cosas que pasan por el mundo y nos excitamos de tal modo que elevamos la voz, damos gritos y el patrón tiene que cerrar la puerta. Cuando salgo, los chiquillos me esperan en la plaza papando moscas y yo doy la mano a mis tres amigos y continúo el camino hacia el faro.

La carretera me orienta por las marismas. Atrás quedan las casas del pueblo, la torre en ruinas, los niños oscuros y flacos. El sol no castiga como antes y el viento es fresco. A mi izquierda los saladares* cubren la superficie de la llanura. El barco de los americanos espera en alta mar que lo carguen.

Al cabo de veinte minutos de marcha se llega al poblado de las salinas. Sus casas están más apiñadas que en Gata. Hay una iglesia gris de construcción reciente, una cruz solitaria en recuerdo de los Caídos[103] y una montaña de sal blanca, que parece de nieve. El aire huele como en las afueras de las grandes ciudades y el conjunto es de una extraña asimetría.

La carretera sigue entre los saladares y la playa, a merced del sol y del viento. Las sierras de Gata se aproximan e interrumpen el paisaje con su gran mole. A sus pies, a un cuarto de hora de camino, se encuentra un tercer poblado—La Fabriquilla—tan mísero y destartalado como los anteriores, con las calles infestadas de perros hambrientos y de niños que corren dando gritos y se revuelcan en la aguacha. Tengo sed y entro a tomar una copa en el bar Viruta. El anís que me dan es seco y lo bebo de un latigazo. Fuera, las últimas casas del poblado faldean la sierra. Los zaguanes están llenos de gente que mira. En la montaña hay media docena de cuevas de aspecto sórdido y un hombre trepa hacia ellas llevando un crío entre los brazos.

Cuando subo el camino del faro, el paisaje sufre una transformación. La sierra se desploma verticalmente sobre el mar y las olas descarnan el acantilado con furia.

A medida que cobra altura la carretera, el horizonte también se ensancha. El sol brilla, pero ya no da calor. Las corrientes marinas forman hileros que cebran la masa azul inmóvil y los farallones* de la costa emergen como morsas, festonados de espuma.

La sierra es ocre, desértica. Su vegetación se reduce al palmito,* que los almerienses emplean para fabricar escobas y esteras, y cuyo cogollo,* blanco y sabroso, se consume, importado de África, en todos los países de Europa, donde es más estimado que el espárrago.

Media hora de camino por curvas cerradas y el faro de la Testa del Cabo aparece de pronto, uno de los más hermosos faros del mundo, sin duda. Las montañas lo aíslan enteramente de tierra y, batido día y noche por el mar, se yergue, solitario y agreste, atalayando la costa del moro,[104] vigía fiel, hoy, de tempestades y naufragios, ayer, de desembarcos berberiscos.

Uno piensa con tristeza que un sitio así debería ser baza turística importante y contempla melancólicamente la carretera estrecha, polvorienta y sinuosa, por la que apenas cabe un automóvil, y cuyo acceso, para colmo de la ironía, está prohibido a los coches particulares que—según leo en un cartel—no dispongan previamente de permiso.

Hoy por hoy sus únicos habitantes, fuera del torrero y su familia, son los guardias civiles que rondan frente a la playa, a un centenar de metros del faro, y una pareja de suecos desgalichados que desembarcó allí hace meses, en un taxi, con un niño rubio de ojos azules, una

tienda de campaña de lona y una máquina de coser.[105]
—¿*Do you speak English?*
—No.
—¿*Parlez-vous français?*
—No.
—¿*Parlate italiano?*
La comunicación es imposible y marido y mujer se contentan con sonreír. Un guardia civil que ronda por la playa con cara de aburrido me dice que el hombre es un apasionado de la pesca submarina, que por allí es muy abundante.

De vuelta hacia el pueblo pienso que los suecos deben ser algo locos para venir con todos sus trastos desde su país y cuando, a la noche, hablo de ellos con el amo de la fonda donde comí a la mañana y aventuro mi opinión, a mi amigo le brillan los ojos y dice simplemente:

—Locos, sí; y mucho más de lo que usté se figura.

VII

ENTRE EL CABO DE GATA y Garrucha media una distancia de casi un
centenar de kilómetros de costa árida y salvaje, batida por el viento en
invierno, y por el sol y el calor en verano, tan asombrosamente bella
como desconocida. Hay acantilados, rocas, isletas, calas. La arena se
escurre con suavidad entre los dedos y el mar azul invita
continuamente al baño.

Los solitarios pueden acampar en ella sin riesgo. Los turistas que
bajan por la nacional 340 no se aventuran nunca más allá de
Garrucha. No se ven veraneantes del país, y los raros forasteros que la
visitan son ricos franceses o americanos que desembarcan desde un
yate, o—como la pareja de suecos que encontré en el
faro—aficionados a la pesca submarina.

El proyecto de carretera costera se interrumpe al sur de Mojácar y,
para llegar a los pueblos de la orilla—San José, Los Escuyos, La
Isleta, Ermita de Rodalquilar, Las Negras, Agua Amarga,
Carboneras—se ha de tomar la comarcal del interior, que comunica
con ellos a través de una red de caminos que parten desde Níjar y el
cruce de Rodalquilar como las varillas de un abanico, alejándose unos
de otros a medida que aumenta el radio de la distancia.

El tercer día de viaje me puse en marcha habiendo decidido
previamente el itinerario. El patrón de la fonda de Cabo de Gata me
había indicado un camino por en medio de la sierra, que unía las
salinas con San José y, cuando me levanté de buenas buenas para
aprovechar la fresca de la mañana, el sol no apuntaba aún sobre los
campos.

Eso del adagio de "a quien madruga Dios le ayuda" me ha parecido
siempre un engañabobos, y mi impresión se confirmó aquel amanecer
en Gata. Por la plaza deambulaban sombras flacas y mal vestidas,
había un acento de desesperación en los rostros y, mientras me alejaba
del pueblo hacia los saladares, pensé que quien inventó el refrán debió
levantarse toda su vida a las once—hora en que suelen ver el sol
quienes el cielo colma con sus dones—y que lo de madrugar lo dijo,
probablemente, con ironía.

El patrón me había hablado también de una carreta, propiedad de
un tal Argimiro, que todas las mañanas iba y venía de las salinas al
cortijo del Nazareno.

—Dígale que es usté amigo de Gabrié,[106] el de la fonda, y le llevará a Boca de los Frailes. De allí a San José hay cuatro pasos.

Argimiro vivía a la entrada del pueblo y, a los pocos minutos de llegar y dar vueltas acabé dando con él. Le transmití el recado de Gabriel, tal como éste me había dicho, y Argimiro, que todo lo que tiene de feo lo tiene de amable, puso los arreos a la mula, recogió las espuertas y me invitó a subir en el carro.

—De mó que es usté amigo del Gabrié—dijo cuando arrancamos—. ¿Qué tal le van las cosas?

—Creo que bien.

—¿Y a la mujé?

—También.

—¿Estaba usté en su casa cuando lo de la sueca?

—No.

—Hay un matrimonio con un niño que acampa en el faro...

—Sí, les vi ayer.

—Pues ná. La sueca se lió con el Gabrié[107] y la mujé los enganchó a los dos en la playa y armó la de Dios es Cristo.[108]

Argimiro sonríe ladinamente y enseña sus dientes grandes y picados.

—Tal como se lo digo. Y el sueco sin enterarse.

La carreta en que viajamos es pequeña y rústica. Sus adrales* son dos tablas de madera reforzados con un álabe.* Las limoneras* están pintadas de rojo y cuando las ruedas encallan en las albardillas* del camino, la mula se detiene y Argimiro tiene que sacudirla con el látigo.

Los salineros recorren la marisma con sus taleguillos y sombreros de anchas alas. Se diría una banda de aves a punto de emprender el vuelo. El sol brilla siempre para ellos y parecen ignorar la fatiga. Algunos llevan la ropa hecha jirones y, al cruzarse con nosotros, responden al saludo de mi compañero con un movimiento imperceptible de los labios.

Pasadas las salinas, el camino sortea los estribos de la sierra. El suelo es ocre y atravesamos unos añojales.* Hay eriales, barbechos, campos de cebada y de trigo. Para no empobrecer la tierra, los agricultores siguen un sistema de rotación y, después de dos cosechas, el campo disfruta de un largo descanso.

—La semana pasá hubo una moto que se estrelló contra aquella linde.

Argimiro explica que había baile en un cortijo, cerca de Albaricoques y el dueño de la moto—un amigo suyo—conducía medio borracho.

—Siempre que hacen una fiesta de ésas ocurre alguna desgracia.

—¿Por qué?

—Aquí, la gente no baila agarrá como en las capitales.[109] En los cortijos, la costumbre es tocá fandangos pá que los bailen las mujeres y los mozos inventan la letrilla diciendo, por ejemplo, la que prefieren o la que les parece más guapa. Hasta hace poco tiempo, tós los noviazgos ligaban asín. Pero el mocerío de esta parte es mú[110] bruto y a la que uno lleva dos copas encima, le da por soltá verdaes con música y faltá a los otros, y ya la tié usté armá.[111] Que si ladrón, que si embustero, que si tu padre, que si el tuyo y, al finá,[112] acaban llegando a las manos.

El día promete ser caluroso. El sol se lleva poco a poco sobre los cerros y la calina empieza a enturbiar el paisaje. La avena del borde del camino se alheña* y, después de la ventola de la víspera, el aire está quieto, como estancado.

—Chispeará—dice Argimiro amusgando la vista hacia las cumbres—. Cuando hay nubes en esos picos, el cielo no tarda en enfoscarse.

—Buena falta haría—digo yo—. ¿Cuánto tiempo hace que no llueve?

—No sé, meses. En marzo cayeron cuatro gotas, pero ná. El alcalde dijo el otro día que si continuaba asín, tendríamos que sacar el santo.[113]

La nava es amplia, de color rojo. Argimiro nombra los picos de las montañas y los arbustos que medran en la tierra. A nuestra izquierda hay unos trigales con las mieses acamadas. El camino está lleno de baches y los maderos del carro zangolotean.

—¿De quién son esos campos?

—De don José González Montoya.[114] Tó San José y el Cabo de Gata es suyo.

Argimiro habla bajando la voz y le contesto de igual manera y, mientras la mula avanza penosamente por el llano, intercambiamos confidencias hasta enardecernos y nuestras historias son siempre las mismas y acabamos por callarnos.

El sol se ha apoderado plenamente del paisaje y flamea en lo alto, como un chivo. No corre ni una chispa de aire. La tierra humea. En el silencio de la nava el ruido del carro suena de modo extraño. Somos los únicos seres humanos en varios kilómetros a la redonda y un lagarto que parece de goma asoma la cabeza entre los canchales* y nos observa con sigilo. Media hora después, el pardo de la montaña

amarillea a trechos y Argimiro explica que nos acercamos a las minas.
—¿Minas? ¿De qué?
—De plomo.
—¿Las explotan?
—No. Están abandonás.
Según me dice, la región conoció un período de prosperidad antes de que él naciera. Entre Boca de los Frailes y San José había media docena de minas de plomo y manganeso y la gente no tenía que emigrar como ahora para buscar los garbanzos.[115] Pero, a primeros de siglo, las minas cerraron una tras otra. Las compañías extranjeras licenciaron al personal y, desde entonces, los pueblos habían quedado desiertos.
—Si pregunta usté a los viejos se lo dirán. San José era el doble de grande.[116]
Yo me acuerdo de Garrucha, con sus fábricas y fundiciones en ruinas, y pienso que la crisis minera de Almería debió ser fenómeno bastante generalizado.[117] En todos los hogares de la provincia se la recuerda como una verdadera calamidad. La Historia entera parece dividirse en dos épocas, de riqueza una y penuria la otra, separadas entre sí por el cataclismo sobrevenido aquellos años. De las numerosas explicaciones que he oído acerca de su origen y causas posibles— incuria de los gobiernos, inadaptación a los modernos métodos de explotación, competencia industrial catalana, etc.—, ninguna me ha satisfecho totalmente y, esperando que alguien más indicado que yo las complete algún día, invito a recorrer a los estudiosos los antiguos centros mineros de la provincia, con sus casas en ruinas, sus plazas desiertas y sus galerías y pozos anegados.
—Bueno, ya ha llegao usté. No tié más que tirá a la derecha, por Boca de los Frailes y, en menos de media hora, se planta usté en San José. Yo continúo a la izquierda hasta el cortijo del Nazareno.
La mula se para al llegar al cruce y doy las gracias a Argimiro y bajo de la carreta. El paisaje recuerda el de Albaricoques: la tierra es parda, hay campos de cebada y guayules, y el verde de las higueras alterna con el de los nopales.
Boca de los Frailes está a la izquierda del camino. Es un caserío minúsculo, formado por una docena de cortijos rectangulares y blancos. Veo pozos cubiertos, palmeras, mujeres montadas en borricos. En primer término, un seto de agaves recién podados se ciñe al borde de la cuneta.
Debe ser apenas las nueve de la mañana y el sol calienta como si fueran las doce. La carretera baja lentamente por la nava, pero el

litoral no se columbra todavía. Las montañas se interponen entre el
llano y el mar como gigantescas bestias acostadas y amurallan el
horizonte con su testuz alto, sus grupas redondas, sus lomos macizos y
lisos.

Después de un cuarto de hora de descenso surge un nuevo poblado,
esta vez a la derecha. Se llama Pozo de los Frailes, tiene escuela y
parece más grande que el anterior. En la orilla del camino un asno con
los ojos vendados tira de la marrana de la noria.[118] El malacate gira
poco a poco y los cangilones emergen del pozo llenos de agua y la
vuelcan en la pila.

Los niños se apandillan para verme y algunos corren a avisar a sus
madres. "Un forastero, un forastero", gritan. Las mujeres se asoman
por los zaguanes, hay atmósfera de expectación. Algo intimidado,
finjo mirar las nubecitas que se condensan en las sierras y emprendo la
retirada. El interior de las casas parece vacío y en una veo un viejo
durmiendo por el suelo. La parva de chiquillos me sigue, atenta al
menor de mis gestos. En la carretera me cruzo con un hombre que lee
el periódico[119] y, bajando la voz, los niños explican que es el alcalde.

—¿A cuánto queda San José?—pregunto.

—A seis horas—dice uno.

Pero los demás protestan y le dan empellones, y de la algarabía de
voces que sigue no logro sacar nada en claro.

—Adiós.

—¿Se va?

—Sí.

—¿No va a volvé?

—Luego.

Los chiquillos me miran mientras me alejo. Los más pequeños van
enteramente desnudos y uno rubio, muy guapo, lleva una chaqueta
raída de adulto, abotonada como un gabán.

La carretera baja todavía y en los márgenes hay huertos y campos
de cebada. Tres hombres meten hojas de pita en una desfibradora y
extienden la trama que sale encima de una estera. Al pasar, me dan los
buenos días a coro. El camino se cuela por el alfoz.* Cien metros más
y el mar aparece de pronto, baldeando una playa de arena negruzca.
El virazón* cimbrea el tallo de unas cañas. San José se asienta en la
colina, a la derecha.

Es un pueblo triste, azotado por el viento, con la mitad de las casas
en alberca y la otra mitad con las paredes cuarteadas. Arruinado por
la crisis minera de principios de siglo, no se ha recuperado todavía del
golpe y vive, como tantos pueblos de España, encerrado en la

evocación huera y enfermiza de su esplendor pretérito. El viajero que recorre sus calles siente una penosa impresión de fatalismo y abandono. Más que en ningún otro lugar de la provincia, la gente parece haber perdido aquí el gusto de vivir. Hombres y mujeres caminan un poco como autómatas y, al tropezar con el forastero, aprietan el paso y le miran con desconfianza. En San José hay una escuela, edificada según el modelo único de la región. Al pasar por su lado descubro que está vacía. La iglesia es pobre y su interior tiene cierto encanto. En la plazuela dormita el autobús que cubre diariamente los treinta y seis kilómetros que separan el pueblo de la capital. Siguiendo el camino, sobre un mar violento y encrespado, se llega a la casa cuartel de los civiles, sólidamente plantada en la roca.

Mi paseo ha durado apenas veinte minutos cuando salgo del pueblo. La caminata me ha hecho transpirar abundantemente y, antes de proseguirla, atravieso unos maizales y voy a bañarme a la playa.

El mar es menos agradable allí que en el golfo de Almería y, tumbado en la arena, contemplo amodorrado una de esas torres de vigía—llamada de Cala Figuera—construidas hace siglos para prevenir las incursiones berberiscas y que se ven aún[120]—como un símbolo de nuestras iniciativas, aplicadas siempre con retraso—en toda la costa mediterránea de España.

Después, subo la carretera por la que había venido y, a la entrada de Pozo de los Frailes, tuerzo por la rambla a la derecha. Un turismo me sigue a los pocos minutos y, cuando agito el brazo, frena bruscamente.

VIII

—¿ADÓNDE VA USTED?
Por la ventanilla posterior del coche asoma la cabeza un hombre de mediana edad, enjuto, de rasgos secos. Viste traje de color verde oscuro, camisa listada, corbata negra.
—Adonde ustedes vayan.
—Este camino lleva a Los Escuyos, al borde del mar. ¿Lo conoce usted?
—No, señor.
—Entonces suba. Ya ajustaremos el precio luego.
El que maneja el volante abre la puertecilla y me invita a sentar atrás, con el otro. Arrancamos.
—¿Forastero?
—Sí.
—La región es muy pintoresca. Ya verá. El año pasado se la enseñé a unos franceses que conocí en la Venta Eritaña y volvieron entusiasmados.
El chófer me espía por el retrovisor. Es pelirrojo, pecoso, de cejas anchas y ojos saltones, oscuros. Durante todo el viaje no dice palabra.
—Si hubiese una buena carretera los turistas vendrían como moscas. Este litoral es mejor que el de Málaga y la vida mucho más fácil que allí. Por tres mil pesetas se puede usted comprar una casita de pescadores. La gente emigra y vende por nada.
Los alberos se suceden desnudos y lisos. Las cigarras zumban borrachas de sol. El suelo de la rambla es pedregoso y el automóvil avanza dando tumbos.
—Yo, en menos de diez años, he adquirido un pueblo entero. Ya se lo enseñaré a usted. Está después de Los Escuyos.
En uno de los meandros del camino cedemos el paso a un tropel de ovejas. El zagalillo parece un cachorro desmadrado. Apenas mide un metro de alto y se gana ya la vida.
—Aquí los chavales empiezan a trabajar a los siete años—comenta mi vecino.
—¿No van a la escuela?
—Los padres no les dejan y, a su modo, tienen razón. El hambre les espabila más aprisa.
Mientras nos alejamos del rebaño y la triste silueta del pastorcillo,

mi vecino me habla del atraso de la provincia y se desahoga contra los andaluces.

—En Castilla y el Norte la gente es educada y sabe el valor de las cosas. Aquí no. Cuando tienen dinero lo gastan en seguida, como si les quemara los dedos. Cuanto más pobres, más generosos son.

Luego pregunta de dónde soy y, al mencionar Barcelona, la expresión de su rostro se transforma, sonríe familiarmente y, pasando al terreno de la confidencia, explica que fue una vez de viaje con su difunta esposa, durante la Exposición Universal del año veintinueve.[121]

—Qué ciudad. Siempre he deseado volver a verla. Si no fuera por los malditos negocios...

El sudor le empapa la frente y lo enjuga con el pañuelo. Por la ventanilla penetra un viento cálido.

—En Andalucía dicen que los catalanes son agarrados, pero es envidia. Lo que ocurre es que trabajan y conocen el valor del dinero. Todo lo contrario de aquí. Yo, cada vez que veo a un hombre espléndido, pienso que debe ser pobre.

Mi vecino me mira y sonríe, y yo le devuelvo la mirada y sonrío también.

—En mil novecientos treinta y seis quería ir otra vez allí a pasar las vacaciones, pero la Revolución me lo impidió. Figúrese usted que tenía sacado hasta el billete.

La solina se ceba en los trigales como un animal famélico y él me habla de las atrocidades de los rojos y las persecuciones que sufrió durante la guerra.

—Ustedes, los jóvenes, no lo pueden imaginar. Propietarios, sacerdotes, personalidades, las cárceles estaban llenas. Al señor obispo de Almería le obligaron a palear carbón.[122]

Afuera, la calina embruma los campos. La tierra parece calcinada y las nubes coronan los picos de la sierra. El automóvil sortea los berruecos del camino y el chófer frena para cruzar una zanja.

Nos acercamos a un poblado rodeado de huertos. La mitad de las casas se baten en ruina y una chica cubierta como una mora se asoma a ver. La bocina asusta a las aves de corral. Los gallos huyen con la cola espadañada y estamos a punto de atropellar a unos polluelos.

Después del caserío, la vista se despeja. El suelo es cada vez más pedregoso. Los cuervos se ciernen inmóviles en el cielo. Sobre las rastrojeras* hay un molino de viento abandonado. Relejes y baches impiden avanzar más de prisa y el terral* rastrea los zarzales y levanta remolinos de polvo.

Al cabo de unos minutos avistamos el mar. El camino se abre paso a través de la gándara* y Los Escuyos surge, de pronto, a la derecha. Es un poblado mísero, asolado por los vendavales, cuyas casas crecen sin orden ni concierto, lo mismo que hongos. No hay calles, ni siquiera veredas que merezcan tal nombre. El coche encalla en un regajo* y nos apeamos frente a la escuela.[†][123]

—Venga, le enseñaré el castillo—dice mi acompañante.

El viento hace casi perder el equilibrio y trepamos a gatas por las rocas. El oleaje choca sordamente contra la playa. El mar está rizado como un campo de escarola* y el aire huele a podrido y a brea.

El castillo se alza sobre unos peñascos, al borde del litoral. Parece hermano gemelo del de Garrucha, pero nadie se ha ocupado en él y está medio en ruinas. Los torreones se mantienen apenas de pie y lo que se conserva del parapeto es sólo un recuerdo nostálgico.

—Cuando era niño—dice mi acompañante—, venía a jugar siempre aquí. La torre de homenaje no había caído todavía y las almenas estaban intactas.

Al dar la vuelta al recinto me explica que, treinta años antes, los propietarios veraneaban en él y organizaban recepciones y bailes.

—Me acuerdo como si fuera ayer del día en que se casó doña Julia. En la explanada había más de cien coches[124] y los invitados no cabían en la capilla.

Ahora la hierba medra en medio del patio y los lagartos toman el sol sobre las piedras. La capilla se ha convertido en corral; la puerta está cerrada con candado y, dentro, se oye cacarear a las gallinas. La antigua habitación de los dueños dormita en la penumbra y, cuando quiero visitarla, mi acompañante me lo impide.

—No entre usted.

—¿Por qué?

—Está negro de pulgas. El año pasado me asomé una vez y estuve rascándome todo el día.

Al salir topamos con el cabo de los civiles. Es hombre de una cuarentena de años, bajo y corpulento, con la piel curtida por el sol y el rostro picado de viruelas. Debe haber escalado la cuesta a trancos y el sudor le chorrea por la cara.

—¿Cómo va usté, don Ambrosio?

Mi acompañante responde que va bien.

—He visto su auto frente a la escuela y Paco me ha dicho que estaba

---

[†] En su *Crónica de la provincia de Almería*, Enrique Santoyo denomina Escuyes, Eschillos o Mohamet-Arráez y habla del castillo de San Felipe, "inutilizado y sin fuegos" (Madrid 1869).

usté aquí.
—Habíamos subido a dar una vuelta y nos volvíamos ya.
—Pronto se ha cansao usté hoy, don Ambrosio.
—Es el castillo, que no da más de sí.
—Eso es bien verdá.
—Precisamente le estaba contando a este señor cómo lo conocí siendo niño. Con las almenas, la torre de homenaje, la capilla en que se casó doña Julia...
—Que sí, que tié usté razón.
Siempre he pensado que hubiera hecho un magnífico cuartel para ustedes. En lugar de gastarse los cuartos edificando uno nuevo hubiesen podido habilitarlo, como el de Garrucha...
—Sí, señó.
—Les hubiera salido incluso más barato.
—Sí, señó.
—En fin, mejor no hablar. Cada vez que lo pienso me da grima.
Los muros del castillo nos resguardan del viento y saco la cajetilla de tabaco.
—¿Fuman?
—Gracias—dice el cabo.
Don Ambrosio vacila, pero acepta también.
—Caray. Por una vez, no creo que pase nada...
Regresamos hacia el coche. Don Ambrosio se lamenta del tiempo y el cabo parece caviloso. En dos o tres ocasiones le veo mover los labios como para comenzar una frase, pero se interrumpe.
—Bueno, Elpidio—dice don Ambrosio, preparando la despedida.
El cabo desabrocha el barbuquejo del tricornio y sonríe.
—¿Se acordó de aquello que le dije, don Ambrosio?—Su voz es más ronca, un poco forzada.
—Sí, claro. La semana pasada telefoneé a su secretario y prometió llamarme un día de estos.
—Muchas gracias, don Ambrosio.
—Cuando sepa algo, ya se lo diré.
—Muy bien, don Ambrosio.
—Hala, hasta la vista.
—Adiós. Que tengan ustés buen viaje.
Arrancamos, y el coche retrocede por donde había venido y atraviesa la rambla. El sol continúa empingorotado en el cielo. Las palmeras alean como pájaros desplumados. Los Escuyos queda atrás, con sus casuchas grises y su castillo en ruinas y, escalado el primer teso, el camino se desmanda.

La sierra no bordea el litoral como en San José y baja suavemente, hasta fundir con las lomas. El rigor del clima reduce el arbolado a su más mínima expresión. Hay zarzales, palmitos, alguna chumbera mordisqueada por las cabras. Los cerros se alinean secos, desnudos. El camino hace breves asomadas sobre el mar y, por espacio de unos segundos, entreveo un velero engolfado en el horizonte.

Ofrezco de nuevo mi cajetilla de tabaco y don Ambrosio protesta, pero termina por aceptar. Dice que se había quitado del vicio y que le voy a malear otra vez. Por la ventanilla observo un cortijo en ruinas. La vertiente está escalonada de bancales. Los jorfes se desmoronan a trechos, y parecen abandonados.

Después de zigzaguear unos minutos, el camino gira bruscamente hacia la costa. Hay un poblado de pescadores al pie del cerro formado por una veintena de casucas. Las nubes se agavillan por el sur y el cielo amenaza achubascarse.

Cuando llegamos, las mujeres lavan y cargan sus tinajas en la fuente. Los chiquillos corren medio desnudos por el fango. El automóvil contornea un grupo de chozas y el conductor frena junto a un corral.

Inmediatamente los niños nos rodean. Son quince o veinte, traviesos y sucios, como un rebaño de animales bulliciosos. La gente sale a la puerta de las casas, mujeres, hombres y, sobre todo, viejos y, antes de seguir el ejemplo de la chiquillería, me miran, preguntándose quién soy.

—Buenos días, don Ambrosio—. El anciano se descubre al hablarle y apretuja la gorra entre los dedos. —¿Cómo se encuentra su señora mamá?

Don Ambrosio explica que se ha restablecido de la fiebre y ya no guarda cama.

—¿Y sus hermanos? ¿Siguen bien?

Don Ambrosio dice que sí, gracias a Dios.

—¿Y tú? ¿Qué tal vas?

—Asín, asín, don Ambrosio.

—¿Y tu mujer?

—Fuerte como siempre.

—Eso es lo principal, Joaquín. Cuando hay salud...

—Ya no somos jóvenes, don Ambrosio. Pasaos los sesenta...

—¡Qué le vamos a hacer!... Así es la vida.

—Eso es lo que me digo yo.

—¿Y la Filomena?

—Está muy malica, don Ambrosio—tercia una mujer—. La pierna

se le ha gangrenao.
—¿Qué dijo el médico?
—Le recetó unas injeciones, pero ná. Cá día va peó.[125]
—¿Y el Miguel?
—Está en la casa, con ella. El pobrecito no se separa de su lao.
—Ya subiré luego a verles.

Don Ambrosio estrecha las manos callosas de los hombres y las mujeres, y a todos pregunta por su familia y, uno tras otro, los interrogados dicen que la familia va bien y se interesan a su vez por la suya. La escena se repite durante un cuarto de hora y, al fin, don Ambrosio ha cumplido con todo el mundo y sonríe y me coge amistosamente por el brazo.

—Venga, le mostraré el cerro. Hay una vista preciosa.

La gente se aparta para cedernos el paso y caminamos en silencio. Las casas están construidas a la orilla misma del mar. El cabo preserva la caleta de los vendavales y las olas no acometen como en Los Escuyos.

Media docena de traineras se mecen, ancladas frente a las rocas. Los viejos cosen las redes en el suelo y, al vernos, dicen los buenos días. Los cerdos gruñen en el interior de las cochiqueras[126] y, suspendidos en la puerta de las chozas como si fueran talismanes, hay manojuelos de sardinas, secándose al sol.

—¿Qué le parece?—pregunta don Ambrosio cuando llegamos a la cima.

Gritando—a causa del viento—digo que me parece bien. El pueblo irradia una belleza triste, inasequible para muchos, que decepcionaría, sin duda, a los coleccionistas de paisajes sentimentales. Don Ambrosio apoya los pulgares en los tirantes y contempla su dominio, satisfecho.

—El día en que hagan la dichosa carretera, las casas cuadruplicarán de valor. En verano podré alquilarlas a los turistas.

El viento ahoga sus palabras y, al descolgarnos por la ladera, me grita que Joaquín ha ido a preparar la comida y debe avisarnos antes de media hora.

—Empiezo a tener apetito, ¿y usted?
—Yo también.

Volvemos al poblado. Por la vereda viene un hombre joven, con barba de dos o tres días y la camisa llena de remiendos. La luz le obliga a guiñar los ojos y sonríe enseñando los dientes.

—Buenos días, don Ambrosio.
—Buenos días, Juan.

Hay un momento de silencio. El hombre hunde las manos en los bolsillos.

—Mire usté, precisamente quería verle por lo de la casica que compró usté al Pascuá.[127] En la nuestra no cabemos, don Ambrosio. Somos cinco y no hay más que una habitación. Y entonces mi madre ha pensao que usté podría prestárnosla por dos meses mientras mi cuñao arregla la suya... Usté no desembolsa ni una perra y, a nosotros, nos haría un gran servicio.

—Si sólo fuera por dos meses, como tú dices, ahora mismo te la daba. Pero sabes perfectamente que no es verdad. Os instaláis, y luego no hay quien os mueva.

—Nosotros nos iremos cuando lo diga usté, don Ambrosio. Le doy mi palabra de hombre. Justo el tiempo de que mi cuñao ponga el techo a su casa.

—Lo mismo me dijo el Martín cuando vino a pedir la de arriba y ya viste el tiempo que se quedó. Más de cuatro años, con gastos judiciales y papeleo. No, estoy escaldado ya.[128] A mí me gusta vivir en paz con la gente y no quiero más líos ni quebraderos de cabeza.

Don Ambrosio se vuelve hacia el forastero, tomándole por testigo.

—No es la primera ni la segunda vez que lo hacen, ¿sabe usted? Y, encima de abusar de la buena fe de uno, aún vienen con quejas y con reclamaciones.

Juan le oye con la frente gacha y don Ambrosio se sacude el polvo del pantalón.

—Además, aunque quisiera prestártela, tampoco podría. La casa es de la familia y, para decidir algo, tengo que consultar con mi hermana y mamá.

Llegando al pueblo, los chiquillos nos siguen a distancia. Don Ambrosio saca un paquete de caramelos del bolsillo.

—Tú, pequeña. ¿Quieres uno?

—Sí, señor.

—Pues coge el que más te guste.

La niña se aproxima y hunde la manita sucia en la bolsa.

—Hala, acercaos—invita don Ambrosio a los otros—. Hay para todos.

Los chiquillos forman coro alrededor, y gritan y se empujan.

—No os atropelléis, caray. De uno en uno.

El Juan se ha separado un poco de nosotros y contempla la arrebatiña en silencio. La gente aguarda en la puerta de las casucas. La atención del forastero recae en una mujer gruesa, de rasgos salientes como el Juan, que camina ciñéndose la falda a las rodillas, para que el viento no la levante. La mujer se abre paso entre los rapaces y, antes de hablar, cambia una mirada con su hijo.

—Hola, Ambrosio.

—Hola, María.

—¿Te habló el Juan?[129]

—Orden. Que cada uno coja únicamente el suyo.

—Estamos apiñaícos, Ambrosio. Somos cinco y la Martina espera otro.

—Tú, devuélvele el caramelo al pequeño... ¿Decías?

—Ná más tres meses, Ambrosio. El tiempo que dure el verano.

—Tu hijo me la había pedido por dos meses, tú me dices tres y pronto serán seis, un año o quince siglos. ¿Se da usted cuenta?

La mujer me mira también de hito en hito, sin dejar de apretar la falda entre las rodillas.

—El Felipe tendrá lista la casa en septiembre. Sólo hasta entonces, Ambrosio. A ti no te cuesta ná.

—Ya sé que no me cuesta nada, mujer. Pero es el principio. Para resolver estas cuestiones debo consultar con mamá y con mi hermana.

—Pues habla con ellas.

—Yo solo no pincho ni corto. La casa es propiedad de la familia.

—¿Quiés que vayamos a verte el sábado[130] o vendrás tú por aquí?

—Ten, dale el último a tu hermano.

—Decía si vuelves aquí pronto o prefieres que vaya yo a Almería.

—Mira, mujer. Esas cosas no se arreglan en un día, ni tampoco en quince. Ten una miajilla de paciencia. Cuando sepa algo ya te lo comunicaré por carta.

El paquete de caramelos está vacío y don Ambrosio lo hincha y lo hace explotar entre las manos. Los niños se dispersan poco a poco.

—Bueno. Se acabó la función.

Las nubes se condensan hacia el Cabo de Gata, amenazadoras y negras. Las barcas oscilan como cáscaras de nuez, y me acuerdo de la predicción de Argimiro.

—Venga—dice don Ambrosio—, iremos a la fonda.

Nos despedimos de la madre y entramos en una casa algo mayor que las otras, con los muros blanqueados y un poyo de obra junto a la puerta. Joaquín y su mujer se afanan limpiando el pescado y nos traen una botella de vino. En la pared hay una cartulina amarillenta, con las banderas española, italiana, alemana y portuguesa y el retrato en colores de Salazar, Hitler, Mussolini y Franco.[131] Cuando dejo el paquete de Ideales sobre la mesa, don Ambrosio sonríe y coge uno.

—Bueno. Puesto que estamos envenenados...

Al alargarle el encendedor, me enseña un tubo de vidrio que lleva en el bolsillo superior de la americana.

—Precisamente no voy al estanco para no caer en la tentación y usted lo echa todo a rodar. El médico me había recomendado estas pastillas. ¿Quiere una?

—No, gracias.

—Está bien. Las dejaremos para luego.

Y, mientras Joaquín nos sirve un plato de gachas*, me explica que el caserío es el refugio ideal de la gente que no tiene grandes ambiciones y que sus cien y pico de habitantes viven felices y en buena armonía.

—Yo, cada vez que veo a un descontento, le llamo aparte y le digo: Fulano, tu sitio no es éste. En el pueblo se está bien, a condición de no aspirar a mucho y, si a ti te tienta el ruido y el modo de bregar de las capitales, lo mejor que puedes hacer es ir a Valencia o Cataluña, porque aquí serás un inadaptado toda tu vida. ¿No es verdad, Joaquín?

—Sí, don Ambrosio.

—El año pasado pagué el viaje a dos hasta Barcelona. A un pescador y a uno que trabajaba en la mina. Casi dos mil pesetas.

—El Heredia parece que se ha echao novia. La Angelita tuvo carta de él y dice que se casa en otoño.

—Me alegro. Siempre le he tenido por un buen muchacho. Ambicioso y respondón, pero bueno.

Cuando terminamos, los viejos de fuera vienen a pegar la hebra con nosotros y, a riesgo de pasar por pobre a ojos de don Ambrosio, pregunto a Joaquín lo que se debe y pago la cuenta.

Mi acompañante aguarda a que me devuelva el cambio y se incorpora.

—Debo visitar a la mujer de uno de mis colonos. ¿Quiere venir conmigo?

—Sí.

—La pobre tuvo un aborto el pasado mes y se le ha gangrenado la pierna. ¿No será usted médico, por casualidad?

—No.

—Su marido no estaba en regla con el Seguro. Había dejado el campo para pescar y no se tomó la molestia de cambiar de papeles. Se lo dije cuarenta veces, y él, ni caso. De haberme oído, no se encontraría ahora de esa manera...

El sol se ha quitado durante la comida y el cielo es de color gris. Los pájaros vuelan a ras de suelo. La tormenta se remusga en el aire.

—Venga, por aquí.

Subimos la cuesta, escoltados por la chiquillería. Don Ambrosio hurga con un palillo su dentadura descabalada. El chófer come un emparedado en el interior del coche y, al pasar junto a éste, descubro una cesta de legumbres y un saco de patatas.

—Paco. Vaya hacia casa de la Filomena. Nos vamos a ir en seguida.

Después de la fuente, torcemos a la izquierda. Un atajo sinuoso lleva hacia un grupo de cinco o seis casucas. Don Ambrosio se para frente a la última y llama.

—¿Se puede?

—Entre.

Yo le sigo detrás. La habitación está llena de gente llorosa, sentada en círculo alrededor de la enferma. Apenas se vuelven a mirarnos.

—¿Cómo se encuentra?

—Mal.

El que responde es hombre de treinta y tantos años, nervudo y moreno. Tiene la palma de la mano apoyado sobre la frente de la mujer y la acaricia mecánicamente, como si fuera una niña.

—¿Qué dijo el médico?

—Le puso injeciones mú fuertes, pero sigue igual. Tié toa la pierna negra y la fiebre no baja.

La mujer nos observa sin dar señales de comprender lo que decimos. Es todavía joven y el dolor le afina los rasgos.

—Le pagamos el taxi desde el pueblo y la consulta y las injeciones y ya ve usté.

—¿Cuándo vuelve?

—Esta tarde. El otro día dijo que, si no mejoraba, tendrían que operarla.

Los demás permanecen silenciosos. Una mujer reza y desgrana las cuentas del rosario. La habitación no tiene otro moblaje que la cama y las sillas. En la pared hay una estampa de la Virgen alumbrada por una vela.

El tiempo da la impresión de haberse detenido y, mientras don Ambrosio prodiga frases de consuelo, los jesuseos de la mujer continúan, y los lloros, y las caricias febriles y mecánicas.

—...En toa la noche no ha pegao un ojo.

—No nos oye.

—Habría que avisá[132] al cura.

Cuando me doy cuenta estoy otra vez en el coche. El poblado ha desaparecido tras los cerros y las nubes ensombrecen el paisaje.

—¿Decía algo?—pregunto a don Ambrosio.

—Nada. Que va a haber lluvia.

IX

DURANTE EL VIAJE DE REGRESO, don Ambrosio me explica el carácter particular de los almerienses.

—No son como nosotros, créame. En Valladolid,[133] por lo menos, la gente es de otra manera. Cuando alguno tiene algo contra usted, se lo dice abiertamente, a la cara. En esta tierra, no. Muchas alharacas, sonrisas y, cuando uno se va, lo ponen como a un trapo. Son verdaderamente esclavos, se lo aseguro. Ganan cuatro cuartos y ya los tiene usted en la taberna, cantando y batiendo palmas. Se mantienen con una pizca de pimiento y sardinas y, viéndolos usted, creería que han comido pollo. Todo se les va en apariencia y fachada.

Don Ambrosio parece orgulloso de sus orígenes castellanos y, mientras el automóvil deja atrás Los Escuyos y Pozo de los Frailes por la carretera que altea, habla de artistas, reyes, santos y conquistadores.

Por primera vez desde que recorro el país se me ocurre que los almerienses nunca han sido protagonistas de su historia, sino más bien comparsas, resignados y mudos. Ocupada sucesivamente por fenicios, cartagineses, romanos, visigodos, Almería conoció un breve período de esplendor durante los albores de la dominación musulmana. "Cuando Almería era Almería—dice un proverbio que los viejos repiten melancólicamente—, Granada era su alquería."[134] Desde su conquista por los Reyes Católicos la región ha sufrido una ininterrumpida y patética decadencia. La monarquía española le envió sus gobernadores y alcaldes, pero Almería no se integró verdaderamente en España. Los almerienses regaron con su sangre las posesiones de Europa, África, Oceanía y América y su sacrificio no aportó ninguna compensación a su patria chica. La tala de bosques, la emigración, transformaron en el desierto de ahora su antiguo paisaje. Colonizada por el poder centralista de los Borbones—como luego lo fue por la industria extranjera o catalana—, Almería fue descuidada por reyes, ministros, reformadores, escritores.[135] Una leyenda de incomprensión y olvido debía mantenerla alejada de todos los movimientos renovadores que en España se produjeron. En el siglo XVIII era ya la cenicienta de nuestras provincias y, cuando los escritores del Noventa y Ocho se echaron a andar por los caminos y tierras de la península, se detuvieron en sus límites y no juzgaron empresa digna de su talento el empeño de defender su causa.[136] Como siempre, continuó ofrendando sus hijos al país—almerienses pequeños, de facciones terrosas, pelo oscuro y mirada centelleante, vestidos, sin duda, con las mismas ropas usadas de sus descendientes actuales. Nunca habían sido grandes conquistadores como los castellanos o extremeños, navegantes intrépidos como los gallegos o vascos, ni comerciantes de fortuna como los sevillanos o catalanes. Su aportación fue casi siempre anónima. Formaron la callada tripulación de los galeones, la sufrida tropa de los ejércitos, la mano de obra oscura y abnegada. Y si Almería figura poco en los manuales de Historia, allí donde en una época u otra los españoles pusieron pie, las fosas comunes del mundo entero contienen sin duda un buen porcentaje de almerienses.

Mientras don Ambrosio sigue hablando de Castilla y el carácter noble y leal de sus paisanos, el coche se ciñe a las revueltas del camino, más allá del cortijo del Nazareno. El chófer fuma sin decir palabra y, de vez en cuando, me observa por el retrovisor. Los espartizales* se barajan con los campos de trigo sobre la tierra ocre. De pronto, llegamos a Los Nietos. Don Ambrosio debe cumplir una visita antes de volver a la capital y aprovecho la ocasión para continuar hacia Las Negras y Carboneras. Durante unos minutos zigzagueamos por la paramera que atravesé dos días antes en el camión de los mineros de Rodalquilar. Al llegar a Los Pipaces, el chófer tuerce a través del llano y recorremos un paisaje desconocido salpicado de blancos cortijos, tempranales, pozos cubiertos, chumberas. Un gitano se cruza con nosotros montado sobre un borrico. El chófer da un bocinazo y el animal se espanta. Por la ventanilla de atrás, a medida que nos alejamos, le veo trotar envuelto en una nube de polvo.

Instantes después, el chófer se detiene. Una doble hilera de eucaliptos orienta hacia un cortijo situado a trescientos metros de la carretera. El viento sacude las hojas de los árboles y el piso del camino parece en buen estado. En la haza trabaja un tractor. Estamos en el cruce de la carretera de Níjar a Las Negras.

—Bueno—dice don Ambrosio—. Ya hemos llegado.

Hago ademán de sacar la cartera del bolsillo, pero don Ambrosio me lo impide.

—En modo alguno, mi querido amigo. Puesto que usted me ha invitado a comer, esto corre de mi cuenta.

—Se lo agradezco, entonces.

—No tiene que agradecerme nada. Siento no poderle llevar más lejos, pero debo visitar a un amigo. Un salmantino que fue delegado provincial después de la Cruzada. Hace años se retiró a los negocios y

amasó una gran fortuna. Ahora se dedica a comprar tierras.
Don Ambrosio me estrecha la mano y el automóvil se pierde en el
camino, tras el espeso telón de los árboles. En el campo de Níjar, los
postes de la electricidad se suceden, achicándose, como las púas ralas
de un peine. Los cortijos se escaquean sobre el llano con su inevitable
decorado de trebejos, aljibes, pitas, chumberas. Hay hazas sembradas
de esparto y cebada, y trigales que empiezan a aborrajarse.* Poco a
poco, la carretera repecha hacia las cordilleras de la costa. Los
borricos senderean por los tajos, en la falda de la montaña. La
pendiente está llena de vericuetos y las nubes envuelven en un turbante
gris y sucio los picos de la sierra.

A la media hora escasa de camino se llega a Fernán Pérez. Queda a
la derecha de la carretera, en un declive escalonado de jorfes, y los
casquetes enjalbegados y palmeras le dan una fisonomía muy
africana. Recortado contra el cielo, en un ribazo, se divisa un molino
de velas, como los que giran en el campo de Cartagena, entre La
Unión y Los Alcázares. Antiguamente había muchos en la región,
pero, en la actualidad, casi todos se baten en ruina. El de Fernán Pérez
rueda aún, con un crujido sordo y, desde lejos, parece una flor de
pétalos inmensos y abarquillados. La población del lugar vive de la
agricultura y la mina de oro de Rodalquilar. A la salida del caserío,
junto a un arroyo orillado de álamos, una cola de mujeres con
aguaderas* y borricos recogen agua de la fuente.

El camino rastrea un terreno quebrado y desértico, de olivos
esmirriados y raquíticos y paratas sembradas de chumbares. Luego, a
medida que aumenta la altura, la vegetación desaparece. Todo es ocre,
sin variedad alguna, y las nubes filtran una luz áspera, amarillenta.
Un carro va delante mío, con el arriero tumbado a la bartola. El
jamelgo* conoce el trayecto de memoria y lleva el paso sin inquietarse.
De improviso asomamos a un valle estrecho. Al bajar, la carretera
zigzaguea. Por las revueltas distingo varios hombres con chaqueta y
sombrero y pienso que debe haber una feria por los alrededores.
Camino a trancos, aprovechando la pendiente y, a la vuelta de una
curva, avisto un nuevo poblado. En el plano encuentro su nombre:
Las Hortichuelas. Se compone de una veintena de casucas
rectangulares y blancas, entre las que destaca sólo la moderna
construcción de la escuela. Las palmeras medran en el valle cultivado,
y, más allá de los molinos en ruina y las norias maltrechas y
abandonadas, se columbra—y es como un barrunto—la presencia del
mar.

Al final de la cuesta se llega a un cruce. A la izquierda, la carretera

Molino en ruinas
junto a Carboneras

"Contorneando los muros del castillo me acerqué a ver el mar..."

lleva a Las Negras; a la derecha, a La Ermita[137] y Rodalquilar. Tomo el camino de la izquierda, tras un grupo de hombres endomingados, y el mar aparece al poco, veteado de estrías blancas.[138] Atravesamos una rambla frente a una cáfila* de cortijos desmoronados y en alberca. Los hombres andan de prisa, como si temieran llegar con retraso y, a mi lado, uno se sujeta el sombrero para que no le vuele. Cuando me doy cuenta, estoy ya en el pueblo. Las Negras se asienta en el centro de la bahía y su aspecto asolado y ruinoso me recuerda el de Los Escuyos o San José. En la única calle trazada hay un bar y un estanco, los cerdos gruñen en el interior de las cochiqueras y el mar alborota y da tumbos sobre la playa. Los de Fernán Pérez se zampan en el portal de una casa y me aproximo también.

—Buenos días.

Quien me habla es mozo de veintitantos años, rubio, de facciones terrosas. Lleva una camisa rota, fuera del pantalón y la gorra ladeada sobre la frente.

—¿Es usté el chico catalán que fue en camión hasta Los Pipaces...?

—Sí.

—No sé si s'acuerda usté de mí. Yo continué hasta Agua Amarga con los otros. Me llamo Juan Gómez. ¿Me permite invitarle a bebé?

—Con mucho gusto. ¿Aquí?

—No, cruzá la calle. Aquí están d'entierro. El hijo se les murió antier.

El mozo me arrastra al bar cogido del brazo. Una mujer trajina al otro lado del mostrador y, al encararse con nosotros, su hermosura me enciende la sangre. Como muchas mujeres del país, tiene el cabello negro y la tez muy blanca, la boca de trazo regular, y los ojos azules, impregnados de melancólica tristeza. Todavía es joven y algo, en su mismo esplendor, me advierte que se está marchitando. El trabajo cotidiano, la maternidad, la convertirán, dentro de pocos años, en una de tantas almerienses resignadas y mudas que, en los zaguanes de las casas, observan el paso de la gente con una expresión furtiva y desencantada. La suerte se muestra dura con ellas. Su belleza se agosta con el matrimonio y, antes de que tengan tiempo de comprender por qué, son viejas enlutadas como sus madres, frutos arrugados y secos, que nada pueden esperar de la vida.

—¿Qué quieren?—dice. Sus ojos pillan enfrente de los míos.

—Pónganos media botella de vino.

Juan y yo bebemos acodados en la barra del mostrador, bajo la mirada recelosa de un hombrecillo calvo y el brigada de los civiles. Sin hacer caso de nosotros, la mujer desaparece por la trastienda.

—¿Es usté rico? Bueno, quería decí ¿ha seguío estudios?

Juan me contempla faz a faz y se humedece los labios febrilmente.

—Aquí nos estorba lo negro,[139] ¿sabe usté? Yo mismo no sé leé ni escribí, pero soy hombre iguá que usté y pensé que si en Cataluña...

El hombrecillo calvo de la mesa y el brigada se abocan con nosotros y, tras unos segundos de vacilación, preguntan si soy forastero.

—Sí, señor.

—Pues ha escogido usté mal día. Si el viento no cambia, va a llover a chuzos.

—En agosto, esto se anima—dice el brigada, deslizando una mano blanca sobre los lamparones de la guerrera—. Este año va a celebrarse por aquí el concurso nacional de pesca submarina y vendrá personal hasta del extranjero.

—La costa es magnífica—explica el hombrecillo—. Lo que falta es un poco de empuje, un poco de propaganda. Aquí la gente vive muy bien. Si hicieran la carretera de una vez vería usté cómo se ponía esto de franceses. Por suerte, el gobernador se ocupa en el asunto y, pronto, tendremos electricidad.

Les invito a liar un cigarrillo y como Juan bebe y se desentiende de la charla, pago la botella a la mujer y, aunque sin vela, como dice el refrán, decido mezclarme en el entierro.

La casa del difunto parece mayor y más rica que las otras. Al acercarme al umbral percibo la llantina de las mujeres. Los hombres están sentados en banquetas, muy compuestos y dignos, y veo algunos mozos arrodajados por el suelo. La familia se halla en otra habitación velando al muchacho y un coro de viejas se esfuerza en consolar a la madre. "La vía es eso", dicen; o "No somos ná"; o "Tós tenemos que pasá po'l tubo" y van de un sitio a otro zaparrastrando faldas, aspándose a gritos,[140] manifestando su dolor con un teatral abaniqueo de las manos.

Uno de los visitantes de Fernán Pérez me explica que el chico se tiró cinco años en la Legión[141] por despecho amoroso y, al volver al pueblo a vivir con los suyos, una enfermedad le llevó a la tumba en menos de cinco días.

—Vaya forma de morí... ¿Lo conocía usté?

—No, soy forastero.

—Aquél del rincón es el padre.

Siguiendo la dirección del dedo contemplo a un hombre ya en días, que ensopa un mendrugo en un plato de vino. A su lado, una chica aparta las piedrecillas de una haldada* de habichuelas. Aunque la luz es buena, las viejas preparan los candiles para la noche.

Cuando el sacerdote llega todo el mundo se pone de pie y, al cabo de un breve cabildeo con la familia, los jóvenes cargan el ataúd sobre los hombros. Desde la calle se oye el gemido de las mujeres. La comitiva se pone en marcha por el mismo camino por donde vine: hombres vestidos de negro, viejos, amigos del difunto, chiquillos. El cielo tiene ahora el color del hollín y el viento sopla húmedo y salado.

El de Fernán Pérez es pariente lejano de la familia y, mientras andamos, me traza una biografía del muerto:

—No tuvo nunca suerte. Sus padres son gente acomodá. ¿Quién le mandaba meterse en la Legión?

Le digo que el hombre no es siempre responsable de sus actos, pero me mira sin comprender:

—El, sí. Se fue allí porque le dio la reá[142] gana. Cabeza perdía que era.

Al doblar por la carretera de La Ermita[143]—hacia el palmeral, el poblado y las ruinas del antiguo castillo—, cae el primer relámpago. La tempestad se condensa sobre nosotros y, sin necesidad de ponernos de acuerdo, todos caminamos aprisa. El camposanto se encuentra a doscientos metros, en medio de la haza: cuatro paredes blancas y una verja de hierro. No es bello, como el de Almuñécar—con sus nichos adornados con botellas de cerveza y las lápidas cubiertas de inscripciones trazadas de acuerdo con la fonética andaluza—, ni trágico como el de Gérgal—en donde las cruces negras se cobijan bajo diminutos arcos encalados, como en una composición de película expresionista;[144] es un cementerio tan desnudo como el paisaje que lo circunda, sin flores, sin cruces, sin lápidas, en el que las tumbas se excavan en el mismo suelo y se reconocen por un simple montoncillo de piedras. En Las Negras, la muerte es también anónima. El único nicho que se conserva carece de inscripción y una lápida que, finalmente, descubrí junto a un foso, data de los años de la guerra y está partida en dos.

La ceremonia se efectúa a la luz de los relámpagos y, al acabar, es la desbandada. La gente corre, temiendo la lluvia, y el sacerdote y la familia quedan rezagados y nadie se acuerda de ellos. Al cruzar la arroyada, el de Fernán Pérez propone acompañarme en motocicleta. Digo que sí porque quiero atrapar el coche de línea de Carboneras y, al llegar al pueblo, Juan sale del bar y me corta el paso.

—¿Adónde vas?—dice. Está bebido.

—Me voy ya. El amigo se ha ofrecido a llevarme en su moto y tengo que marcharme.

—Sácame d'aquí.

El de Fernán Pérez pone en marcha el motor, pero Juan no se mueve.

—Vendré otro día—digo. Es una mentira piadosa, horrible.

—No, ahora. Soy hombre como tú. En Barcelona...—quiere añadir algo, pero su lengua trastabillea.

—Anda, que tenemos prisa—dice el de la moto.

Juan me observa sin oírle, cara a cara.

—Sólo tengo mis manos—dice—. Míralas.

Del bar asoma otro hombre y le tira del brazo.

—Hala, deja. ¿No ves que estás estorbando?

—El chico es amigo mío.

—No es amigo tuyo—le corta el otro—. Se va, y ni siquiera sabes cómo se llama.

—Mis manos.

El de Fernán Pérez arranca con la moto. Me alejo de Juan, y ya no se las miro.

X

EL COCHE DE LÍNEA de Carboneras sale de Almería a las cinco y media de la tarde. El de Fernán Pérez me había dejado en el cruce de Níjar y San José y, durante cerca de una hora, permanecí al borde de la cuneta, aguardándolo. La tempestad se condensaba sobre los picos de la sierra de Gata y paralelamente sentía dentro de mí una saciedad extrema—la conciencia de haber llegado al límite—como una cuerda que se rompe por haberla estirado demasiado. Sentado en la linde del camino acechaba las nubes foscas. El cielo era como un océano embravecido y en el campo había uno de esos silencios expectantes que preceden a la explosión de la tormenta: bandas de pájaros volaban a ras del suelo, el aire estaba embebido de luminosidad. Todo anunciaba la inminencia del estallido y, a medida que el tiempo transcurría, aumentaba también mi necesidad de desfogarme.

Revivía los incidentes de mis tres días de viaje y la idea de lo que no había visto todavía—o me había pasado inadvertido tal vez—me abrumaba. Había comenzado a bajar alegremente la pendiente y descubría de pronto que no tenía fin. Don Ambrosio, el viejo de las tunas, Sanlúcar, Argimiro, la lista podía alargarse aún. En cada pueblo encontraría gentes parecidas. Unos me hablarían alzando la voz y otros bajándola. Y el escenario siempre sería el mismo—y mi cólera y su desesperanza.

Cuando el autobús apareció en el horizonte, empezaba a llover. Me incorporé de la cuneta agitando los brazos y el chófer frenó y abrió la puertecilla.

—A Carboneras.

—Sí, señor.

—Suba.

Me acomodé en uno de los asientos de atrás y el coche arrancó de nuevo. Los viajeros me observaban con curiosidad. Eran diez o doce, y sus rostros me resultaban vagamente familiares, como vistos ya en otros autobuses de la provincia, camino de otros pueblos.

—Se ha salvao usté de milagro.

—¿Decía?

—¿No ve usté cómo llueve?

El turbión se desencadenaba con furia y lo contemplé a través de los vidrios salpicados de barro. El cielo era de color jalde, los pájaros habían desaparecido y el agua convertía la llanura en una inmensa charca crepitante.

—Fíjese de qué coló viene la lluvia...

—Al que le pille fuera lo pone perdío.[145]

—Es el polvo que hay. ¿Se da usté cuenta? Yo continuaba con la nariz pegada a los cristales—temía llorar también y que mis lágrimas resbalaran por las mejillas, sucias y polvorientas. El coche se detuvo a la entrada de Níjar. Dos días antes había recorrido el camino a pie con José y sus camaradas y me parecía que desde entonces habían transcurrido dos siglos. Miraba al puesto de los civiles, el surtidor de gasolina, las mieses acamadas por la tormenta, y tenía la impresión de haber soñado.

—¿Ve usté esa hoya?—señaló mi vecino—. Hace unos años el coche volcó allí al dá la vuelta y hubo un montón de muertos. Dicen que el conductó iba bebío.

El autobús avanzaba prudentemente y el paisaje se deslizaba triste y lívido, iluminado a trechos por el resplandor de los relámpagos. Entre Níjar y Carboneras hay varios kilómetros de tierras rojas, de las que se extrae la granatilla.[146] Lavado y cribado, el mineral pasa a unos depósitos que de lejos recuerdan, a causa del color, esos campos de Murcia y Levante donde, en verano, ponen a secar los pimientos.[147] El chófer había frenado para recoger al capataz de la mina y el viaje prosiguió, más irreal que nunca, a través de montañas lunares y grises, parameras y canchales.

—¡Los Arejos!

No se apeó nadie. El autobús parecía el Buque Fantasma;[148] un Buque Fantasma que flotaba entre los picos de la sierra, prisionero del barro y de las nubes. La radio estaba encendida a toda potencia y emitía una extraña baraúnda de sonidos que cubrían—hasta ahogarla—un aria de ópera italiana. Transcurrieron varios minutos.

—Bueno. Ya llegamos.

En Almería, cuando se menciona Carboneras, la gente toca madera y se santigua. Supersticiosamente muchos evitan pronunciar el nombre y hablan del pueblo en perífrasis: "Ese puerto que queda entre Garrucha y Agua Amarga", "Ese sitio que no se puede decir" y otras frases por el estilo.

Como para mantener lo bien fundado de la leyenda, la estampa que ofrecía después del turbión se ajustaba exactamente a la que la imaginación popular le atribuía. La mayoría de las casas estaban cerradas, los habitantes se escurrían por las calles como sombras y el mar embestía contra la playa, negro y enfurecido.

El autobús bordeó el cementerio y el monumento a los Caídos por Dios y por España. Una pareja de civiles rondaban con el mosquetón en bandolera. Vi a una mujer con bocio con un chiquillo panzudo y a un muchacho espigado que daba la mano a un ciego. Había cesado de llover y algunos viejos se asomaban a mirar a la puerta de las casucas. El chófer se detuvo en la plaza, frente al Dispensario Antitracomatoso.[149] Contorneando los muros del castillo, me acerqué a ver el mar. La playa estaba desierta y el viento azotaba el casco varado de las traíñas. La costa se alejaba en escorzo hacia los acantilados del faro de Mesaroldán y Playa de los Muertos. En dirección a Garrucha los farallones emergían festonados de espuma. El pueblo parecía replegado sobre sí mismo, como un caracol dentro de su concha, y, al volver a la plaza, busqué una taberna y pedí un litro de vino.

—¿Jumilla?

—Sí, Jumilla.

En el lugar había sólo dos hombres de mediana edad, pequeños como arrugados, y al oírme hablar con el patrón se habían acercado a mi mesa y se presentaron en seguida. El uno era aguador y el otro aperaba carros, y querían saber adónde iba y si tenía familia por allí y cuánto tiempo pensaba quedarme.

—El país es pobre, pero hermoso—decía el aperador.

—En España no hay el adelanto d'otras naciones, pero se vive mejó que en ningún sitio—decía el azacán.*

—Los extranjeros, en cuanto puén, se vienen p'aquí.

—En Andalucía, con el sol y un poquico de ná, se las arregla usté y va tirando...

Hablaban monótonamente, como si salmodiaran una letanía, y yo tenía que hacer un esfuerzo para escuchar. Quería decirles que, si éramos pobres, lo mejor que podíamos desear era ser también feos; que la belleza nos servía de excusa para cruzarnos de brazos y que para salir de nosotros mismos debíamos resistir la tentación de sentirnos tarjeta postal o pieza de museo.

—Por esto me gusta Almería. Porque no tiene Giralda ni Alhambra.[150] Porque no intenta cubrirse con ropajes ni adornos. Porque es una tierra desnuda, verdadera...

Pero ellos seguían hablando de canto y toros, de sol y gachís, y agarré la botella de Jumilla. La tempestad había desfogado su cólera y yo seguía a cuestas con la mía, y el corazón me latía con fuerza y la sed me quemaba la garganta. Bebí un vaso y otro y otro y el dueño de la taberna me miraba y, al acercarse a servirme otra botella, me enjugué

124 JUAN GOYTISOLO

la cara y le dije:

—Es una gota de lluvia.

Toda la tarde estuve vagando por el pueblo sin saber adónde me llevaban los pasos. El cielo era de color gris, las calles parecían vacías y recuerdo que permanecí varias horas, sin moverme, acostado en la playa.

Unos niños rondaban alrededor mío a respetuosa distancia y, al levantarme, oí decir a uno:

—Parece que se le ha muerto alguno. Mi madre lo ha visto llorando.

XI

TREINTA Y SEIS horas después, lavado y afeitado como Dios manda, retiré el equipaje de la consigna y cogí el coche de Murcia. En el quiosco de la central de autobuses había comprado *El Yugo** y un ejemplar del *ABC* del domingo.[151] El sol brillaba sobre la ciudad y el día prometía ser caluroso.

Mientras nos alejábamos del suburbio almeriense me entretenía hojeando las noticias: "La selección española de baloncesto logra su séptima victoria consecutiva sobre la de Portugal", "Primera Feria Regional de Actividades Leonesas", "Desplazamiento de la alpargata...".

La víspera me había pasado el día durmiendo y me sentía de nuevo en forma y dispuesto a volver a las andadas. El universo razonable de los periódicos me serenaba y adormecía. Las fotos de la Reina de la Feria de Burgos y de la muchacha escultural, reclamo de Bañadores Jantzen, me recordaban oportunamente que la angustia es mal pasajero, que hay un orden secreto que rige las cosas y que el mundo pertenece y pertenecerá siempre a los optimistas.

Cuando me di cuenta, Tabernas había quedado atrás, y Sorbas y Puerto Lumbreras, y el coche avanzaba en tromba hacia Totana, entre una doble fila de árboles. Mi vecino me había pedido prestado *El Yugo* y comentaba:

—¿Ha visto usté?

—No.

—Parece que este año tendremos más aceitunas.

NOTES

1 *la nacional 340*: the main road which goes from Alicante through Murcia to Almería and then along the coast as far as Cádiz.

2 *el valle del Almanzora*: named after Al-Mansur (978-1002), ruler of al-Andalus, who led many campaigns against the north including Barcelona (985) and Santiago de Compostela (997).

3 *la erosión*: J. Naylon points out how the Miocene clays which make up much of the land of Almería are very difficult to stabilise by afforestation and that when the average rainfall of only 11 cm per year does come, it can cause disastrous flooding; *Andalusia* (Oxford, 1975), 10.

4 *"capital del esparto, mocos y legañas"*: 'capital of esparto grass, snotty noses and bleary eyes'. Popular sayings about local towns and other provinces abound in Spain. Goytisolo mentions the popular view of Carboneras (122). Most tend to be very uncomplimentary. Esparto grass was not a very profitable crop. It often grows wild and the very poor would collect it to make a living. The physical description impies a dirty, lazy people.

5 *la Alcazaba sobre el barrio de la Chanca*: there is a contrast between the castle, symbol of the past power of Moorish Almería, and the extreme poverty of the district of La Chanca. *"Almería fue la principal ciudad de los musulmanes en tiempos de los almorávides. Era entonces una ciudad muy industrial ... El puerto de esta ciudad recibía embarcaciones de Alejandría y de toda la Siria y no había en toda España gentes más ricas ni más dadas a la industria y al comercio que sus habitantes como tampoco más inclinadas, ora al lujo y al derroche, ora al afán de atesorar"*, Mohamed-al-Adrisi, *Descripción de España 1154*, quoted by Goytisolo, *La Chanca* (Barcelona: Seix Barral, 1981), 97. The same work gives a description of the district: *"un barrio insólito — omitido por agencias y guías — en donde viven hacinadas a vuelta de veinte mil personas"*, 27.

6 *desde las gradas del Vía Crucis*: 'the steps on the Way of the Cross', i.e. on the route along which the religious processions pass.

7 *haciendo de tripas corazón*: 'making a valiant effort.'

8 *coches de punto*: horse-drawn carriages which were for hire.

9 *la patria chica*: "The first point to be noticed is the strength of provincial and municipal feeling. Spain is the land of the *patria chica*. Every village, every town is the centre of an intense social and political life. As in classical times, a man's allegiance is first of all to his native place, or to his family or social group in it, and only secondly to his country and government", written in 1942 by Gerald Brenan, *The Spanish Labyrinth* (Cambridge, 1969) IX. However, compare a later view: "With emigration an urban life style is perceived as 'superior' to the values of the agrarian *pueblo* ... . Tastes and fashions are becoming the tastes and fashions of urban society. This is not to be seen solely as a loss. The strict social control of the face-to-face society in the rural *pueblo* vanishes and there is an increase in individual choice", Carr and Fusí, *Spain: Dictatorship to Democracy* (London, 1979), 73.

10   *una carretera comarcal*: 'a local road.'
11   *garbo, empaque, gracia, donosura*: 'graceful elegance and radiant humour.' The
     girls are travelling in a procession of horse-drawn carriages on their way to a
     high-society baptism. Dressed in *mantillas* and brightly coloured flounced
     dresses, they represent the stereotyped image of Spanish beauty. They receive a
     compliment — *piropo* — from a passing stranger. The soldiers, priest, frock-
     coated gentlemen and child with curls complete a vignette of the old-fashioned
     comfortable style of the Almerian upper class.
12   *chatear*: 'to go round the bars drinking wine.'
13   *los baños de Sierra de Alhamilla*: a spa favoured by the well-to-do of Almería,
     constructed in 1778 as a charitable work of the then Bishop of Almería; F.
     Ochotorena, *Almería, siglo XIX*, 27.
14   *En Hospitalet, Barcelona, Tarrasa* ...: Hospitalet is a town in the heavily
     industrialized Llobregat area near Barcelona. Tarrasa is the home of the Catalan
     textile industry. Both have large concentrations of southern workers.
15   *por la parte de la Rápita*: in the region around San Carlos de la Rápita, a port in
     the province of Tarragona.
16   A: *el amo del tempranal*; 'the boss of the early crops.'
17   *cominean*: 'gossip.'
18   A: *una haza.*
19   *Antiguos centros mineros, sobrevivientes de la gran crisis de principios de siglo*:
     Rafael Puyol notes that there was a brief resurgence of mining activity in the area
     in the 50s because of the high prices fetched by lead and iron ore. Abandoned
     seams were opened up but have since been closed because of production costs
     and the low quality of the ore; *Estudio geo-económico de Almería* (Sevilla,
     1973), 21.
20   *fincas del Patrimonio Forestal del Estado*: in 1935 the Republican government
     created the *Patrimonio Forestal del Estado* to begin the task of replacing
     depleted stocks of public woodland. ''This body had only a legal existence under
     the Republic but the *new* régime pressed it into service for the conduct of
     extensive reafforestation programmes. Commencing in 1940, it has added
     considerably to national woodstocks and has done much to check soil erosion.
     Most woodland, however remains in private or municipal hands. Also, still more
     public investment is probably necessary for a wholly successful fight against soil
     erosion''; K.M. Medhurst, *Government in Spain* (Oxford, 1973), 147-48.
21   *El Instituto Nacional de Colonización*: the INC was established in October 1939
     to replace the Republican Institute of Agrarian Reform. The problems of the
     landless labourer of the *latifundios* took second place to interior colonisation
     and irrigation. 'Current interest stemmed from the theory developed in fascist
     Italy in the 1930s that intensive irrigated cultivation was the best way of
     absorbing surplus rural labour. The desired objective was the creation of passive
     communities of self-sufficient peasant farmers, living in harmony with the New
     State'; Harrison, *An Economic History of Modern Spain*, 159. The crops
     mentioned were never a success since natural textile fibres were unable to
     compete with new synthetic materials.
22   A: *las palas.*
23   A: *Aparte.*
24   *la guardia civil*: a para-military security force established in 1844 to fight rural
     banditry. Civil Guards never serve in their native province and live with their

families in barracks on the outskirts of towns. They soon became the landowners' police force against the peasantry and earned a reputation for brutality and for their summary use of their firearms. They were a solid pillar of the Franco régime. Although there is some evidence of more liberal opinion amongst the Civil Guard — *¿Es Socialista La Guardia Civil?*, in *Cambio 16*, 14-21 November 1983 — they still enjoy a reputation for anti-democratic, repressive activity. On 23 February 1981 Civil Guard Antonio Tejero led an attempted military coup in Madrid. In Almería Civil Guards have recently been involved in violent incidents which have led to the deaths of peasants and workers. The best-known is the murder of three workers who returned to the Níjar area from the north for First Communion celebrations and is well-documented in *El caso Almería* (Barcelona, 1982) by Antonio Ramos Espejo. On 4 March 1981 a peasant woman was killed by the Civil Guard in a demonstration over lack of water in Overa, 'Las aguas de la ira', *El País*, 16 October 1983.

25   *del Sanlúcar*: the lorry-driver is known after his town of origin, Sanlúcar de Barrameda, near Jerez de la Frontera. It is very common for inhabitants of *pueblos* to be known by a nickname or by their place of origin.

26   *dos poblados morunos*: 'two Moorish-style towns.' Goytisolo makes frequent reference to similarities between Almería and North Africa and to the legacy of hundreds of years of Arab rule.

27   *ataviadas como las mojaqueras*: 'dressed up like women from Mojácar.' Mojácar is a coastal town north of Carboneras. Now a thriving tourist centre, it used to be famous for its many cave-dwellings and the Arab-style head dress of its women.

28   *los eucaliptos*: the eucalyptus tree has been a favourite in reafforestation campaigns but its indiscriminate use has been criticised for wasting land suitable for other crops; M. Moreno Alonso, *Campos del Mediodía* (Sevilla, 1983), 26.

29   *las caperuzas de los* trulli: the *trulli* are conical, stone-roofed buildings unique to the region of Apulia in south-eastern Italy. Circles of grey stone are piled to a pinnacle on whitish cylindrical walls. No mortar is used and they are held together by lateral opposition and gravity.

30   C: *¿verdad?*

31   *un peón caminero*: labourers employed by local councils to maintain roads. These *peones* usually worked in gangs and would sleep overnight in specially erected roadside shelters bearing the title *Peón Caminero*.

32   C: *demasiado. empiná el codo*: 'boozing.'

33   *de sol a sol*: 'from sunrise to sunset.'

34   *triunfal recorrido*: glorious tour. The phrase is ironic since everything that Franco did was *triunfal* according to the state-run information services.

35   *verdehiguera y verdealmendro, rucio, albazano*: 'the green of figs, and the green of almonds, silvery grey and dark chestnut.'

36   *los civiles*: i.e. *los guardias civiles.*

37   *un lucaineno*: an inhabitant of the town, Lucainena de las Torres, to the north of Níjar.

38   *ADARO*: a branch of the *Instituto Nacional de Industria* (*INI*) created in 1941 to supplement or encourage development within the private sector. *ADARO* is the section responsible for *INI*'s intervention in the mining industry. *INI* has been criticised for its expensive support of 'lame ducks' of which the gold mine was one. The Rodalquilar mine has been shut because of the difficulties of working

the seam and consequent unprofitability; R. Puyol, *Estudio geoeconómico* (Sevilla, 1973), 21.

39 *A HOLIVUD DOS QUILOMETROS*: the 'badlands' of Almería designated 'of National Cinematographic Interest', by the Franco government have been used as a location for spaghetti Westerns directed by Sergio Leone, *Lawrence of Arabia*, and many other epic films. In Yucca City tourists can still play at being sheriff or deal a poker hand in a saloon bar on payment of 125 pesetas; A. Ramos Espejo, *El caso Almería* (Barcelona, 1982), 34.

40 *un extenso lodazal resquebrajado y amarillo*: 'an extensive yellow cracked mudflat.'

41 G: *Me siento ... y doy.*

42 *algo entradillas en carne*: 'rather on the plump side.'

43 *una fallera de Valencia*: a woman dressed in local costume for the week of the Fallas, the main *fiestas* of Valencia, ending on 19 March, the day of San José. The women usually wear their hair in a bun. The *Fallas* are wooden or cardboard figures usually created in a satirical vein and finally burnt in great bonfires.

44 *a los caldos del país*: 'on the wines of the region.'

45 *corredó de tejíos*: 'an agent for a textiles firm.'

46 A: *el autocar.*

47 *la silicosis*: a lung disease caused by frequent inhaling of dust in the mines.

48 *la mili*: colloquial for military service. A: *al acabar.*

49 *mi paquete de Ideales*: a very cheap brand of Spanish cigarettes which the narrator always has ready to help start a conversation.

50 *¡Hala, arreando!*: 'Come on, get moving!'

51 *cantar por soleares*: *soleá* (from *soledad*) is the basic song unit of *cante hondo*, flamenco singing, and is a short song usually sung in a group of four or five (hence the plural, *soleares*). *Flamenco* was the most popular form of song and dance in Andalusia. It still retains its authenticity despite commercial emphasis on its picturesque qualities.

52 *la taranta*: the form of *cante hondo* devploped by miners in Murcia and Almería. The are usually sad and bitter with 4 or 5 octosyllabic lines. Goytisolo bases a short story around a singer of *la taranta*, 'La ronda', *Para vivir aquí*, 90-111.

53 A: *un chaval.*

54 *Fandangos, serranas, tientos*: the *fandango* is a form of flamenco singing typical of Huelva but very common in Almería and Cartagena. They can be fast or slow. The *serrana* originated in mountain villages and its themes are often the harshness of rural life or the adventures of smugglers. The *tiento* is in 4/4 time and its rhythm is related to the Mexican Habanera.

55 A: *hazas.*

56 *con mucha trastienda*: 'he's a sharp operator.'

57 A: *Gabriel.*

58 *tracoma*: an infectious disease affecting the eyes. A mucous tissue forms over the eye and irritates both the eye and the eyelids. In its first stages it is similar to conjunctivitis but then develops over years if not treated and leads to blindness. It used to be endemic in southern Spain.

59 A: *carretera general.*

60 A: *personal.*

61 *cromos piadosos*: 'religious prints.'

62 A: *mujer.*

63   A: *visitar*.

64   C: *usted*.

65   *sus ojos estrábicos*: 'his squinting eyes.'

66   *Como no encontremos naide que nos fíe el viaje* ...: 'Unless we can find someone
      to lend us the money for the journey.'

67   C: *pobrecito*.

68   A: *pensar*.

69   A: *se quedan*.

70   *Sitges o alguna otra playa de moda*: Sitges is a fashionable Catalan resort north
      of Tarragona. It has a long promenade made of mosaic stones and lined with
      palm trees.

71   *la cerámica de Níjar*: 'Níjar pottery is glazed in a multitude of running colours
      (the cobalt blue comes from England), plain sulphur yellow, or green. (A coffee
      set of six cups and saucers, with coffee pot and basin, was sold to my cicerone
      for seventy-five pesetas. I presume, and hope, they increase their prices for
      foreigners, as I am not in favour of sweated labour.)'; N. Epton, *Andalusia*, 176.

72   *una canción de Valderrama*: Juanito de Valderrama is one of the most popular
      flamenco singers of the post-war. He recorded many sentimental versions of
      Andalusian music and performed with his group in many musicals with gypsy
      themes such as *Bajo el cielo andaluz* which displayed 'ninguna novedad,
      abundando en efectismos y tópicos del costumbrismo gitano, que han rodado ya
      bastante por los escenarios'; *Enciclopedia Universal Ilustrada Europeo-
      Americana, Suplemento Anual* 1945-48 (Madrid, 1953), 1453.

73   A: *igual*.

74   *juegan a la morra*: a game played by two people who simultaneously say a
      number below ten and then show a number of fingers from their clenched fists.

75   *una película de Vicente Escrivá*: Escrivá was a Valencian writer and film
      producer accepted by the Franco régime. His films have religious and historical
      themes. In 1952 he received a decoration from the Caudillo and his film, *La
      Señora de Fátima*, was declared the best film of the year. An earlier film,
      Balarrasa, was, according to the posters, *'Una película de fondo católico que
      asombrará por su crudo realismo'*.

76   A: *más grande*.

77   *setenta y siete arrobas de Vino y cuatro pellejos de Aguardiente*: *arroba* is a
      liquid measure differing according to both province and liquid; *pellejo* is a
      wineskin.

78   *el dinero de la Mesada*: the *mesada* was a monthly tax.

79   *¡Admirable Níjar!*: Ortega's tone is sarcastic. Sánchez de Toca's manuscript
      relates how the mayor of Níjar showed his rod of office to the *vecinos*, made the
      sign of the cross and asked, "*¿Creéis por ésta, que Dios es Dios? Y creéis que
      Carlos III, el que está en Italia, que es difunto nuestro rey, es nuestro monarca?*"
      and received the response, *'Sí, creemos'*. Shots were fired in the air and church
      bells were rung; Enrique de Tapia, *Carlos III y su época* (Madrid, 1962), 175.
      Although Ortega presents the episode as an example of the senseless, unthinking
      behaviour of the masses, the *nijareños* had some reason for celebration. Carlos
      III's government began immediately in 1759 to intervene in agriculture and pass
      legislation to create a prosperous peasantry. 'In the struggle in progress they
      took the side of the small farmer and tenant against those who exploited the land
      without working'; R. Herr, *The Eighteenth-century Revolution in Spain*

(Princeton, 1958), 112. Under the 1766 decree idle land was to be distributed at a low rent to landless labourers; Herr, 114. Although there was no major revolution in landownership, the government was active in agricultural reform on behalf of the poor.

80 *las minorías selectas*: this is a further critical reference to Ortega's call for a select minority to guide the fortunes of Spain: 'La gran desdicha de la historia española ha sido la carencia de minorías egregias y el imperio imperturbado de las masas', *España invertebrada* (1964), 159.

81 *se abandona al asperillo del vino y al regosto de la comida*: 'one gives oneself up to the sharp taste of the wine and to one's longing for food.'

82 A: *el autocar.*

83 *en Guadix*: Guadix, 112 kilometres north-west of Almería, is a town of cave-dwellings and shops selling pottery. See photos of the *'cuevas en la todavía actual España "africana" del sudeste'*, in J. Goytisolo, *España y los españoles*, (Barcelona, 1979), 93-95.

84 A: *y no vale la pena visitarlos.*

85 *La pareja de civiles que está de facción en el teso*: 'The pair of civil guards who are on duty at the top of the hill.'

86 *un español chapurreando mal gabacho*: 'a Spaniard making a poor attempt at a Frenchified accent.'

87 *del servicio*: i.e. *del servicio militar.*

88 *en Gandesa*: The battle of Gandesa was a fierce episode towards the end of the Civil War, July-August, 1938, in the struggle for control of the Ebro. 'The Republic left behind 900 dead, 1,600 rifles and over 200 machine-guns'; H. Thomas, *The Spanish Civil War* (1965), 689-91.

89 *Está ya duro el alcacer para zampoñas ...*: 'I'm too old now for such comings and goings ...'

90 *un camino de herradura*: 'a bridle path.'

91 A: *abordarlo.*

92 A: *los pescadores.* The keeper of the tower is reputed to have picked a sacred image of the Virgin from the waves on 21 December 1502 as it floated on the waves surrounded by bright, heavenly light.

93 A: *personal.*

94 A: *de El Alquián.*

95 *esa España-esperpento que retrataron Goya y Valle-Inclán*: the *esperpento* technique involves the grotesque presentation of human reality which in the context of the artist Goya (1746-1828) and the writer Valle-Inclán (1866-1936) pinpoints the macabre and tragic side of life. Alison Sinclair comments: 'It seems most probable that in his comments on the *esperpento*, Valle-Inclán had in mind principally the Goya of the *Caprichos*, the *Disparates*, and the *Desastres de la guerra* where, as in caricature, lines are reduced in order to carry maximum impact; *Valle-Inclán's* Ruedo Ibérico (London: Tamesis, 1977), 107-10. It is a tradition which Goytisolo continues in this and other work.

96 A: *echar; llega a Cabo Gata.*

97 *Hay boliches, traineras, botes, jábegas*: 'There are drag-nets, trawling boats, small boats, sweep-nets.'

98 *las golas*: a way of fishing in the Mar Menor, a salt-water lagoon along the Murcian coast. In *Fin de fiesta* (1971) Goytisolo describes how sections of water have been fenced off; fish are tempted through openings in a complicated series of nets, through which they then cannot escape, 87, 91-92.

99   *un garruchero*: 'a man from Garrucha.'
100   *el tío los tumbó a los tres groguis*: 'this bloke knocked the three of them out cold.'
101   *un limpia*: i.e. *un limpiabotas*.
102   *¡La madre que los parió!*: one of the more innocuous Spanish insults — 'The bastards!'
103   *una cruz solitaria en recuerdo de los Caídos*: after the Civil War many monuments and crosses were erected in honour of the Nationalist dead. The most infamous was inaugurated in 1959 near El Escorial. Republican prisoners built an enormous cross and a chapel and mausoleum in the rock — where Franco was buried. The cross above weighs 200,000 metric tons.
104   *atalayando la costa del moro*: 'watching the Arab coast.'
105   *una máquina de coser*: this incident of the Swedish couple, their sewing-machine and infidelities was developed into a short story by Goytisolo. It was first published as *El sur, Papeles de Son Armadans*, XVI, no. XLVI (February 1960), 181-204, and later as the first sequence in *Fin de fiesta* (1962), 9-28.
106   A: *del Gabriel*.
107   A: *el Gabriel*.
108   *enganchó a los dos en la playa y armó la de Dios es Cristo*: 'caught them both on the beach and raised hell on earth.'
109   *la gente no baila agarrá como en las capitales*: Francoist moralisers frowned on couples who danced close together. The Episcopal Commission published in 1958 its *Normas de decencia cristiana* stating that 'los bailes agarrados son un serio peligro para la moral cristiana'. Posters against modern dancing showed youths dancing with the devil. Cardinal Segura, Primate of Spain, threatened to suspend priests who gave absolution to people who had been dancing; E. Miret Magdalena, 'La educación nacional-católica en nuestra posguerra', *Tiempo de Historia* 16 (1976), 16.
110   A: *muy bruto*.
111   *y a la que uno lleva dos copas encima, le da por soltá verdaes con música y faltá a los otros, y ya la tié usté armá*: 'and somebody has one too many, starts telling a few home-truths, swearing at the others, and they're all at each other's throats.'
112   A: *al final*.
113   *sacar el santo*: to try to break the drought, the mayor may organise a procession with the patron saint of the town.
114   *don José González Montoya*: Nina Epton has a very telling description of this landowner which illuminates the background to the arca and don Ambrosio: 'All the territory behind the Cabo de Gata, the wedge-shaped hills, the pretty white village of El Pozo de los Frailes, and approximately sixteen miles of coast embracing the bays of San José and the bay of the *Genoveses*, belong to Don José González Montoya, in whose lovely rambling *finca* I spent another pleasant day. Don José was educated at Charterhouse ... Don José is 'developing' the fishing village of San José but, since he can afford to pick and choose, he only sells plots to people whom he likes; furthermore he wants to establish a congenial British colony there ... This bay ... will not be built up and it will be closed to the plebeians and riff-raff'; *Andalusia* (1968), 174.
115   *para buscar los garbanzos*: 'to earn their living.'
116   C: *Si pregunta ... grande* omitted.

117 *la crisis minera de Almería*: 'With the exhaustion of the Gádor deposits in the 1860s the lead industry of Adra went into sharp decline'; Harrison, *An Economic History of Modern Spain* (1978), 54-55.

118 *la noria*: an ancient method of drawing water. A blindfolded donkey walks round pulling the axle (*la marrana*) of the draw-well (*la noria*). The hoisting wheel (*el malacate*) turns slowly and buckets (*los cangilones*) full of water are drawn up.

119 *un hombre que lee el periódico*: the reading of the newspaper is a distinguishing feature in the land where the majority are illiterate.

120 A: *torres de señales construídas el pasado siglo, pocos años antes de la invención del telégrafo y que se ven aún.*

121 *la Exposición Universal del año veintinueve*: in 1929 the dictatorship of Primo de Rivera organised two international trade exhibitions in Seville and Barcelona to try to improve trade and tourism. The Barcelona exhibition was opened on 20 May in a large new complex of palaces and gardens in Montjuich.

122 *al señor obispo de Almería*: the Bishop of Almería (Diego Ventaja Milán) was also forced to wash the deck of the prison ship *Astoy Mendi* before being killed by Republicans near Malaga in 1936.

123 A: no footnote.

124 A: *Toda la explanada estaba llena de coches.*

125 A: *peor.*

126 C: *las cochineras.*

127 A: *al Pascual.*

128 *estoy escaldado ya*: 'I am more wary now.'

129 C: *habló Juan?.*

130 A: *el sábao.*

131 *Salazar, Hitler, Mussolini y Franco*: the dictators of the Axis Powers, of Portugal, Germany, Italy and Spain respectively. United against Bolshevism and democracy, they fought for the establishment of Fascist corporate states. Hitler and Mussolini both died in 1945, Salazar continued his rule until 1968 and Franco survived as Caudillo until his death on 20 November 1975.

132 A: *avisar.*

133 *En Valladolid*: Valladolid as an ancient university city and capital of Castile symbolises the spirituality and imperial heritage of Spain.

134 *Ocupada ... alquería*: for an interesting and influential account of the development of Spanish history which pays close attention to the impact of Islamic culture on Spain and was highly regarded by Goytisolo see Américo Castro, *La realidad histórica de España* (Mexico, 1954). Almería was in the eleventh and twelfth centuries the "chief Andalusian port for trade with Africa and the Near East as well as the chief centre of piracy against the Christian ports of the western Mediterranean"; D.W. Lomax, *The Reconquest of Spain* (1968), 91.

135 *Desde su conquista ... escritores*: the Moorish kings were finally defeated by the Catholic monarchs, Ferdinand and Isabel, in 1492. The countryside lost men as sailors and trees as ships to the conquest of South America and the establishment of the Spanish Empire. The Bourbon dynasty was installed on the Spanish throne with Philip V in 1700. The reign of Charles III (1759-88) is particularly associated with attempts to reform government and economy and introduce the ideas of the European Enlightenment. Andalusia declined from being at the

heart of the flourishing Arab civilisation to being one of the most impoverished areas of Europe. Henry Kamen notes how Almería in the later seventeenth century had to import to supplement all its food needs and suffered from high prices, inadequate supplies, and poor transport; *Spain in the Later Seventeenth Century 1665-1700* (1980), 165.

136   *los escritores del Noventa y Ocho*: a group of writers including Unamuno, Ganivet, Machado, Valle-Inclán, Maeztú and Baroja whose work at the turn of the last century reflects a preoccupation with Spanish history and landscape in the wake of the loss of Cuba as a colony. One feature is the description of the Spanish countryside, but this is usually Castile. See D. Shaw, *The Generation of 1898 in Spain* (1975).

137   A: *la ermita*.

138   *veteado de estrías blancas*: 'lined with veins of white foam.'

139   *Aquí nos estorba lo negro*: 'Here we're held back by our poverty.'

140   *aspándose a gritos*: 'writhing and shouting.'

141   *en la Legión*: the Spanish Foreign Legion was created in 1920 by Lieutenant Millán-Astray. Modelled on the French Foreign Legion it was open to volunteers from any country.

142   A: *real*.

143   A: *la ermita*.

144   *una composición de película expresionista*: expressionist art flourished in Germany 1918-25 and mixes anguished emotions with a sense of social protest. Expressionist cinema favoured the creation of fantastic, shadowy atmospheres and first films included *Doctor Caligari's Study* (Erich Pommer, 1921), *Nosferatu* (E. Murnau, 1922) and *Metropolis* (Fritz Lang, 1926).

145   *Al que le pille fuera lo pone perdío*: 'It'll finish off anyone it catches outside.'

146   *la granatilla*: garnet, a red precious stone.

147   ... *los pimientos*: red peppers dried in the sun and then used for seasoning.

148   *el Buque Fantasma*: the Ghost Ship of legend and children's stories.

149   *al Dispensario Antitracomatoso*: a clinic established to help those suffering from trachoma and in itself symptomatic of the widespread nature of the disease.

150   *Giralda ni Alhambra*: the two best-known Moorish buildings of Andalusia. The Giralda, the tower of Sevilla's cathedral, is the minaret of the old mosque and was built between 1184 and 1196. It is possible to ride on horseback to the top up a series of 35 ramps. A belfry was added in 1568. The Alhambra is the former palace of the Arab kings of Granada. It was built from the tenth to the fifteenth centuries. It is one of the most richly decorated examples of Arab architecture in the world.

151   *El Yugo ... del ABC*: *El Yugo* is the local organ of the Falange, the only political party allowed by the Franco regime, whose symbols are the yoke and arrows. *ABC*, a conservative monarchist newspaper, has a national circulation and is published in Madrid and Seville.

GLOSSARY

aborrajarse	to dry out before time (of corn) so that the seed does not form
acebuche m	wild olive tree
adral m	plank or board placed at the side of a cart or lorry to keep in the load
agave m	agave, American aloe; its leaf fibres can be used for making string or rope
agavillarse	to gather, collect (from to bind wheat in sheaves)
agraz m	sour grape juice
aguadera f	wooden frame on back of donkey to carry water pitchers
álabe m	wooden tooth or cog
alarife m	charge-hand
albaicín m	district built on a slope
albardilla f	rut
albarrada f	dry stone wall
albero m	whitish land
alfoz m	district; narrow pathway
algaida f	ridge of shifting sand
alheñarse	to get blight
aljibe m	water cistern
alijares m pl	uncultivated ground outside a village or town
almiar m	haystack
amelga f	furrow
añojal m	fallow land

avena f	oats
azacán m	water-carrier
badén m	a ditch formed in land by rainwater draining away
barbecho m	fallow
barda f	fence made of reeds
becerro m	calf
borceguí m	laced boot
cáfila f	flock, group
canchal m	rocky ground
cantizal m	rocky ground
cañaduz m	sugarcane
caolín m	kaolin, white clay used for making pottery
cebada f	barley
cenacho m	basket
cogollo m	best part, core, marrow
colgadizo m	lean-to shed
copo, pescar a	to fish with a purse-net for catching shoal fish
cuenco m	earthen bowl
cuneta f	channel at the side of the road to take water away
chamuscado	scorched
chumbar m	group of prickly pears
chumbera f	prickly pear tree
desmochar	to take the head off
embardado	fenced off
encallar	to get stuck in the sand
encañado	supported by reeds

enjalma f	light pack saddle
entreliño m	space between row of trees
erial m	common, uncultivated land
escarola f	endive
esparteña f	rope-sole sandal
espartizal m	esparto field
espolón m	spur (of mountain range)
esquirla f	splinter
estera f	mat
fanega f	land measure: 1.59 acres
farallón m	cliff, headland
ficus m	cheeseplant
fresno m	ash tree
gachas f pl	dish made of fried breadcrumbs with liver and other offal
gándara f	low, rough uncultivated land
ganga f	waste matter left after ore has been extracted
guadapero m	boy who carries food to reapers or mowers
guayule m	rubber producing tree
haldada f	skirtful
haza f	piece of tillable land
henequén m	hemp-plant
higo chumbo m	prickly pear
horcajo m	fork of river
horma f	dry stone wall
jamelgo m	nag

jemeque m	whimper
jorfe m	dry stone wall
laja f	stone slab, flagstone
lama f	mud, slime
lebrillo m	glazed earthenware tub
limonera f	shaft
médano m	sand dune
morral m	haversack
nava f	plain surrounded by mountains
navazo m	kitchen garden on a sandy beach
nopal m	prickly pear
ova f	sea-lettuce, river weed
palmito m	top of palm tree (an edible delicacy)
paranza f	hideout for hunters
parata f	small terrace on slope
pedregal m	rocky ground
penca f	palm leaf
peralte m	camber in road
piara f	herd, drove
pita f	agave
rambla f	stream, watercourse, avenue, path
rastrojera f	stubble field
regajo m	puddle, pool
releje m	wheel track or rut
ribazo m	sloping bank
ripario	growing on the banks of a river

saladar m	salt marsh
serillo m	small basket
solana f	suntrap
solejar m	sunny place
solina f	intense heat from the sun
tajea f	slash
talego m	long bag used to carry bread
talud m	slope
tartera f	lunch basket, meal-pail
terral m	cloud of dust
trebejos m pl	equipment
trilla f	threshing
tuna f	prickly pear
varga f	steepest part of a slope
vedijoso	like tufts of wool (from vedija f, tuft of wool)
vinagrera f	plant used in salads; has a bitter but pleasant taste
virazón m	wind which on certain coasts blows from the sea during the day and the land during the night
zamarra f	sheepskin jacket
zarzal m	brambles